에듀파베르

수업, 교구와 보드게임을 만나다
(TIC, Tools In Class)

김현섭, 오정화, 박광제, 권수진, 김은희 지음

에듀파베르
수업, 교구와 보드게임을 만나다

1판 인쇄 2020년 9월 10일
저 자 김현섭, 오정화, 박광제, 권수진, 김은희
삽 화 김인현

발행인 김성경
교정 및 윤문 김기연, 김하림
디자인 조주영
발행처 수업디자인연구소 www.sooupjump.org
도서문의 031-502-1359 eduhope88@naver.com
주 소 경기도 군포시 대야2로 147, 2층 201호
ISBN 979-11-958100-7-9
값 16,000원

추천사

"교사라면 누구나 재미있고 배움이 있으며 모두가 참여하는 즐거운 수업을 꿈꾼다. 이 책은 그런 꿈을 이룰 수 있도록 도와주는 책이다. 보드게임과 수업의 만남, 교구들을 활용해 재미 있는 수업을 해왔던 선생님들의 노하우가 담겨있는 이 책으로, 수업에서 활기 있고 적극적인 아이들을 만날 수 있을 것이다. 뻔한 수업을 뻔하지 않고 생동감있게 하고 싶은 선생님들에 게 적극 추천한다."

김경연 별망초 교사

"코로나19로 인해 바깥놀이와 접촉이 어려운 교실 상황에서 교구와 보드를 활용한 다양한 수 업방법은 학생들과 교사들에게 숨통을 열어줄 수 있을 것으로 기대된다. 교구와 보드 설명서 만으로는 수업과 교구가 따로 노는데, 이 책이 교구와 보드게임을 교실수업에 마음껏 활용할 수 있도록 단단하게 연결해 줄 것이다."

박선아 이담초 교사

"무기력한 아이들과 어떻게 활기찬 수업을 이끌어가야 할지 고민하는 교사와 학교 현장에 꼭 필요한 책. 이 책에는 교사가 크게 수고하지 않고 수업에 바로 적용시킬 수 있는 다양한 교구 활용 방법과 사례들이 수록되어 있다. 또한 교사의 운영에 따라 타인의 감정을 읽고 격려하는 활동 속에 친구를 이해하고 수용하며, 나아가 자신까지 이해하며 힐링에 이르는 따뜻함을 맛볼 수 있다. 지루하던 수업에 흥미와 성취, 감동을 덧입히는 길잡이가 될 것이다."

양혜련 구산중 교사

"수업은 아이들의 눈높이에 맞아야 즐겁게 배울 수 있다. 아이들의 마음을 꿰뚫은 듯 아이들을 신나는 배움의 길로 안내하는 방법들이 다양하게 들어있다. 아이들이 정말 원하는 것들을 고민한 교사들의 수고 또한 돋보인다. 이 책이 아이와 교사 모두를 행복하게 하는데 큰 기여를 할 수 있을 것 같은 마음에 적극 추천한다."

김성경 부모교육디자인연구소 소장

서문

　호모 파베르(Homo faber)란 '도구의 인간'이다. 철학자 베르그송이 인간은 동물과 달리 도구를 활용할 수 있는 존재라는 강조하여 사용한 말이다. 도구를 활용할 수 있다는 것은 단순한 인간의 특징으로만 이해한 것이 아니라 인간의 본질적인 속성으로 파악했다. 그는 인간은 유형, 무형의 도구를 만드는 동시에 자기 자신도 만든다고 보았다. 하지만 여기에 착안하여 새롭게 만든 개념이 에듀 파베르(Edu faber)이다. 에듀 파베르란 도구를 활용한 교육 활동을 말한다. 다른 말로 교구 활용 참여 수업(TIC, Tools In Class)이라고 할 수 있다.

　최근 기존 정보통신기술활용 교육(ICT)이라는 개념 대신 미래 교육 담론에서 새롭게 사용되기 시작한 개념이 에듀 테크(Edu Tech)이다. 즉, 3차 산업(정보화) 혁명에 기반한 접근이 ICT 교육이라면 융합과 통섭을 기반한 4차 산업 혁명에 기반한 신기술 기반 수업 형태를 에듀 테크로 사용하고 있다. 즉, 에듀 테크란 인공지능, 사물인터넷, 스마트 기기 활용 등 최신 미래 기술을 활용한 수업 형태를 말한다. 그런데 에듀 테크는 기본적으로 인터넷 설치, 스마트 기기 보급 등 최신 스마트 기술을 활용할 수 있는 교실 환경과 시설이 구비되었을 때는 의미가 있겠지만 그렇지 않을 때는 현실적으로 활용하기 힘들다. 하지만 모둠 칠판이나 플래시카드 등의 교구들은 스마트 기기가 없어도 실천할 수 있고, 경제적으로 부담이 적고, 실용적이다. 교육사적 관점에서 보더라도 코메니우스 이후 많은 교육자들이 학생 눈높이에 맞는 다양한 교구를 개발하여 교육 활동에 실천해왔다. 여기에서는 이러한 다양한 교구 활용 참여 수업 형태를 '에듀 파베르'란 개념으로 정리하여 다양한 활용법들을 제시하고자 한다.

수업은 가르침(teaching)과 배움(learning)의 융합이다. 교사의 가르침이 있어야 학생의 배움이 일어난다. 가르침 없이 스스로 배움이 일어나지 않는다. 그런데 교사가 잘 가르친다고 해서 온전히 학생의 배움으로 연결되는 것은 아니다. 학생이 적극적으로 참여해야 배움이 일어나고 그 배움을 익힘의 과정을 통해 자기 것으로 내면화해야 한다. 수업 시간 학생의 적극적인 참여를 유도하기 위해서는 재미와 흥미를 유발해야 한다. 재미는 즐거움이고, 흥미는 지식에 대한 몰입 상태에서 느껴지는 것이다. 흥미가 있으면 재미를 느낄 수 있지만 재미있다고 해서 늘 흥미로 연결되는 것은 아니다. 그래서 교사가 수업 시간에 학생들을 재미로 시작해서 흥미의 단계까지 이끌 수 있도록 노력해야 한다. 학생이 교사의 가르침을 구경하는 것이 아니라 참여를 통해 배움의 기쁨을 누릴 수 있도록 해야 한다.

참여 수업은 교사의 수업 디자인과 학생의 참여 활동이 결합해야 가능하다. 참여 수업의 대표적인 수업 방법은 협동 학습, 프로젝트 수업, PBL 수업, 토의 토론 수업 등이 있다. 교실에서 참여 수업을 구현하려면 그에 맞는 기술이 필요하고, 원활한 참여 활동을 위한 수업 도구들이 필요하다. 최근 다양한 수업 도구들이 개발되고 있지만, 교사가 수업 도구들을 다양하게 활용하는 방법을 잘 알지 못해서 한두 번 사용하고 한 쪽에 방치되는 경우가 많다.

학생들의 배움을 유도하기 위해서는 교사가 가르침을 넘어 재미와 흥미를 위한 전략과 기술이 필요하다. 학습 유형을 살펴보면 청각형 학습자보다 시각형 학습자와 체험형 학습자들이 더 많이 있는데, 이들에게 교구를 활용하여 체험을 통해 학습을 유도하는 것이 매우 효과적인 접근이라고 할 수 있다.

학생들이 일상생활에서 재미있어 하는 것은 컴퓨터 게임이나 친한 친구들과의 수다 등이다. 아이들은 일반적으로 놀이를 통해서 재미를 느낀다. 다양한 놀이 중에서 오프라인에서 친구들과 함께 수다를 떨며 놀 수 있는 대표적인 것이 보드게임(board game)이다. 카드나 놀이판을 활용하는 보드게임은 누구나 좋아하는 놀이 방법 중의 하나이다. 수업이 보드게임과 만나면 재미와 배움이라는 두 마리 토끼를 잡을 수 있는 길이 생긴다.

그동안 수업디자인연구소에서는 다양한 수업 도구들과 수업 보드게임들을 개발해왔다. 이를 활용한 참여 수업 연수도 진행해왔다. 이러한 경험을 바탕으로 집단 지성을 발휘하여 이 책을 기획하여 집필하게 되었다. 독자들의 이해를 돕기 위해 친절한 삽화나 사진을 많이 넣었고, 관련 동영상도 제작하여 교실 현장에서 잘 활용할 수 있도록 하였다. 이번 책 내용에 대한 동영상은 이미 티쳐빌원격연수(자율, 무료) 형태로도 올려 있으니 참고하면 좋다.

 즐거운학교 QR 코드

이번 책이 재미와 흥미를 위해 노력하는 선생님들에게 실질적인 도움이 되길 바란다. 하나님께 감사드리며….

2020년 2월 1일
집필자 대표 **김 현 섭**

에듀파베르

수업, 교구와 보드게임을 만나다 (TIC, Tools In Class)

제1부
교구 활용 참여
수업의 이해

1장. 왜 참여 수업인가?

2장. 교구 활용 참여 수업이란?

1장. 왜 참여 수업인가?

수업 방법이 중요한 이유?

누가? (who)

왜? (why)

무엇? (what)

어떻게? (how)

수업을 잘 이해하려면 4가지 차원의 질문을 이해해야 한다. '누가'는 존재론과 관계론을 말하고, '왜'는 교육철학을 의미한다. '무엇'은 교육과정을 말하고, '어떻게'는 교수학습 방법 및 평가를 의미한다. 전통적인 수업 담론에서는 교육과정, 교과내용학에 대한 관심이 높았기에 상대적으로 수업 방법, 교과 교수학에 대한 관심이 낮았다. 특히 우리나라의 경우, 사농공상의 유교적 가치관이 강했기 때문에 교육철학이나 교육과정을 다루는 것은 고상하게 여겼지만, 교수학습 방법 및 평가 문제 등의 실용적인 문제는 상대적으로 그렇지 않게 생각했다. 그러다 보니 다음과 같은 오해들이 생겨나기도 했다.

 -"수업 방법은 교육철학이나 교육과정에 비해 저급하다"

 -"수업 방법은 저경력 교사들이 주로 하는 수업 고민이다"

 -"수업 방법은 교사 개인의 타고난 역량에 따라 달라진다"

 -"수업 방법은 교직 경험이 쌓이게 되면 자연스럽게 생겨나는 것이다"

 -"수업 방법은 개인적인 문제이다"

4가지 차원의 영역이 조화를 이룰 때 좋은 수업이라고 할 것이다. 그렇기 때문에 최근의 교육과정-수업-평가-기록의 일체화 담론은 4가지 차원의 조화 측면에서 바람직한 담론이라고 볼 수 있다.

그렇다면 수업 방법이 중요한 이유는 무엇일까?

수업 방법에 따라 학습 효과가 달라진다.

미국 행동과학연구소에서 발표한 '학습 피라미드'에 따르면 수업 방법에 따라 학습 효과가 다르다는 것을 알 수 있다.[1] 24시간이 지나고 나서 수업 방법에 따라 학생의 학습 효과를 측정했더니 강의식 수업에서 듣기만 한 경우는 5% 정도만 기억에 남았다. 독서 수업에서 읽기만 한 경우는 10%, 시청각 수업에서 보고 듣는 경우는 20%, 시연하는 것을 보는 경우는 30% 정도의 효과가 있었다. 그에 비해 자기 생각을 말하는 토의 토론 수업에서는 50%, 실제 실습이나 연습을 한 경우는 75%, 자기가 이해한 것을 다른 친구들에게 설명한 경우는 90% 정도의 효과를 거두었다. 즉, 학생 입장에서는 듣기(청각) 〈 읽기(시각) 〈 보면서 듣기(시각 및 청각) 〈 말하기 〈 체험하기(촉각) 〈 가르치기(시각, 청각, 촉각 등의 종합) 순서로 학습 효과가 높다는 것이다. 수동적 학습 방법보다는 참여적 학습 방법이 더 효과적인 것이다.

학습 피라미드(Learning Pyramid)

평균 기억율 (Average Retention Rates)

5%	수업듣기(Lecture)
10%	읽기(Reading)
20%	듣고 보기(Audio-Visual)
30$	시연하기(Demonstration)
50%	집단토의(Group Discussion)
75%	연습(Practice)
90%	가르치기(Teaching Others)

수동적 학습방법 (Passive Teaching Method)

참여적 학습방법 (Participatory Teaching Method)

Adapted from National Training Laboratories, Bethel, Maine

---

1) 전통적인 지식관, 항존주의 교육철학, 학문 중심 교육과정 입장에서는 학습 피라미드에 대하여 비판적인 입장을 가지고 있다. 하지만 많은 학습심리학 연구 결과에 따르면 직접적인 교수전략의 경우, 학습자 입장에서는 수동적인 자세를 가지고 있어서 학습 효과가 그리 높지 않다고 말한다.

싱가포르 연구팀은 학생 124명을 모집해 10분간 도플러 효과와 음파에 대한 그림과 글을 보며 공부를 하도록 했다. 실험 참가자는 전원 도플러 효과에 대한 사전 지식이 없었고, 공부는 필기를 하는 방식으로 진행했다. 학습을 마친 뒤에는 실험 참가자를 네 그룹으로 나눴다. 한 그룹은 5분간 앞서 필기한 내용을 보지 않은 상태에서 다른 사람을 가르쳤고, 또 한 그룹은 각본대로 가르치기 수업을 했다. 또 다른 한 그룹은 학습한 내용 중 기억나는 것을 모두 적었고, 나머지 한 그룹은 곱셈 문제를 풀었다. 한 주가 지나고 나서 연구팀은 실험 참가자를 전원 다시 연구실로 불러 이전에 공부했던 내용을 테스트했다.

그 결과, 각본 없이 다른 사람을 가르친 그룹이 가장 좋은 시험 점수를 얻었다. 기억나는 것을 전부 적은 그룹도 이에 견줄 만한 좋은 점수를 받았다. 연구팀은 가르치기와 기억나는 것을 전부 적어보는 전략이 '시험 효과'를 낸다는 점에서 높은 학습 효과를 낸 것으로 평가했다. 다른 사람을 가르치려면 공부한 내용을 머릿속으로 떠올리고 정리하는 과정이 선행돼야 한다는 점에서 학습 효과가 높아진다는 것이다. 가르치는 행위 그 자체보다는 그에 선행한 내면화 과정이 본인의 공부에 도움이 된다는 것이다.[2]

이러한 연구 결과를 바탕으로 개발된 수업 방법은 '동료 교수법'과 '자기 해설 학습법'이다. 동료 교수법(peer teaching model)은 한 학생 또는 소집단의 학생들이 교사 역할과 학습자의 역할을 번갈아 맡아 협력하여 정해진 학습을 해 나가는 것을 말한다. 즉, '나는 너를 가르치고 너는 나를 가르친다'는 입장에서 서로 상호 보완과 협력을 해가며 교사로부터 주어진 학습과제를 완수해 나간다. 또래 친구 간의 친밀성을 바탕으로 좀 더 편안하고 설득력 있게 다가가는 방법이다. 그 기원은 아리스토텔레스가 제자를 교육하는 방법에 있다. 학습자 역할의 학생은 자기가 이해하지 못한 내용을 좀 더 편안하게 질문하고 피드백을 받을 수 있다. 교수자 역할의 학생은 자기가 가지고 있는 지식과 경험을 강화할 수 있고, 자아존중감을 확립할 수 있다. 준비 과정에서 좀 더 열심히 학습할 수 있게 된다. 가르치는 과정을 통해 학습 효과를 극대화할 수 있다.

자기 해설 학습은 스스로에게 이것이 무슨 의미이고, 왜 중요하지 질문하면서 스스로 답을 해 보는 것이다. 혼잣말을 하면서 '왜?'라고 질문하고 요약하며 연결점을 찾는 것이

---

2) The learning benefits of teaching: A retrieval practice hypothesis, Applied Cognitive Psychology, 2018.4.15

다. 학습 주제에 대하여 생각해 보고 질문하고 답하고 요약하면서 지식을 내면화하는 것이다. 자기 해설 학습은 스스로 소리를 내어 자기가 자기에게 설명하는 수업 방법이다.

수업 방법에 따라 학습 경험이 달라진다.

강의식 수업을 하면 학생 입장의 학습 경험은 '듣기'이다. 시청각 수업과 매체 활용 수업에서 학생의 학습 경험은 '보면서 듣기'이다. 실험과 실습수업에서는 학생의 학습 경험은 '체험이'다. 또래 가르치기 수업에서 학생의 학습 경험은 '가르치기'이다. 각 수업 방법에 따라 학습 경험은 많이 달라진다. 학습 경험이 달라지면 학습 주제를 이해하고 바라보는 방식이 달라진다.

예컨대, 사회 정의에 대하여 강의식 수업 방법으로 배웠다면 학생은 사회 정의의 개념을 인지하는 데 초점을 두게 된다. 사회 정의에 대하여 매체 활용 수업을 통해 배웠다면 사회 정의 문제를 더욱 실감 나는 현실적인 주제로 이해하게 될 것이다. 그런데 사회 정의에 대하여 프로젝트 수업을 통해 학생들이 직접 사회 정의 관련 자료를 찾고, 정의롭지 못한 사람들의 피해 사례를 인터뷰하며, 사회 정의를 위해 실천할 수 있는 것을 찾아 직접 실천했다면 학생들이 생각하는 사회 정의는 완전히 다른 것이 된다. 학생들이 사회 정의의 개념을 이해했지만, 실세 사회 정의를 위해 실천하지 못한나면 세대로 배운 것인시 생각해 볼 필요가 있다.

배움은 인지적 영역만 존재하는 것이 아니라 정의적 영역, 실천적 영역까지 확대되어야 살아있는 배움이라고 할 수 있을 것이다.

학습 유형에 따라 수업 참여도가 달라진다.

다중지능이론에 따르면 기존 지능에서 강조하는 언어적 지능과 논리 수학적 지능만 존재하는 것이 아니라 공간적 지능, 신체 감각적 지능, 음악적 지능, 대인 지능, 자성 지능, 자연이해 지능 등 6가지 이상의 지능이 존재한다고 주장한다. 하워드 가드너는 기존 지능 개념(IQ)에 대하여 비판하면서 새롭게 지능을 정의한다. 지능이란 '문화 속에서 가치가 부여된 문제를 해결하거나 결과물을 창출하는 능력'이다. 각 지능별 특징과 좋아하는 행동을 정리한 것은 아래와 같다.

지능	핵심 성분	상징 체계	좋아하는 행동
언어적 지능	언어의 소리, 구조, 의미와 기능에 대한 민감성	표음 문자(한글, 영어 등)	독서, 작문, 이야기하기, 낱말 게임 등
논리 수학적 지능	논리적, 수리적 유형에 대한 민감성과 구분 능력	컴퓨터 언어(파스칼 등)	실험하기, 질문하기, 퍼즐 맞추기, 계산하기 등
공간적 지능	시공간적 세계를 정확하게 지각하고 최초의 지각에 근거해 형태를 바꾸는 능력	표의 문자(한문 등)	디자인하기, 그리기, 마음속으로 공상하기, 낙서하기 등
신체 운동 감각적 지능	자기 몸의 움직임을 통제하고 사물을 능숙하게 다루는 능력	수화, 점자	춤추기, 달리기, 뛰기, 쌓기, 만지기, 몸 동작하기 등
음악적 지능	리듬, 음조, 음색을 만들고 평가하는 능력	음악 악보, 모스 부호	노래하기, 음악 감상하기, 콧노래 하기, 박자 맞추기 등
대인 지능	타인의 기분, 기질, 동기, 욕망을 구분하고 적절하게 대응하는 능력	사회적 단서(몸짓과 얼굴 표정 등)	통솔하기, 조직하기, 말하기, 사람 다루기, 모임 운영하기, 파티하기 등
자성 지능	자기 자신의 감정을 충실하고 자신의 정서를 구분하는 능력	자아 상징(꿈과 예술 활동 등)	목표 세우기, 중재하기, 공상하기, 조용함, 계획 세우기 등
자연이해 지능	자연을 관찰하고 즐길 수 있는 능력		동물이나 식물 키우기, 자연 감상하기, 텃밭 가꾸기, 동식물 관찰하기 등

각 다중지능별로 학생들이 선호하는 학습 방법이 다르다.

다중지능	선호하는 학습 방법
언어적 지능	낱말 맞히기, 듣기, 말하기, 글쓰기 등
논리 수학적 지능	문제 풀이, 토의 토론, 실험 실습 등
공간적 지능	매체 활용, 그리기, 비주얼싱킹 및 마인드맵, 지도 찾기, 만들기 등
신체 운동 감각적 지능	움직이기, 만들기, 춤 등
음악적 지능	리듬 맞추기, 노래 부르기, 음악 감상하기 등
대인 지능	대화하기, 토의 토론하기, 협동 학습 등
자성 지능	일기 쓰기, 자성의 시간을 가지기, 개인별 상담하기 등
자연이해 지능	자연을 즐기기, 동식물 키우기 등

다중지능 학습 유형에 따라 학생들이 선호하는 교수법도 달라진다. 예컨대, 강의식 설명법은 언어적 지능과 논리 수학적 지능이 높은 학생들이 좋아하고 잘 참여한다. 협동 학습이나 팀 프로젝트 학습, 모둠 활동 등은 대인 지능이 높은 학생들이 선호한다. 비주얼싱 킹이나 마인드맵, ICT 수업 등은 공간적 지능이 높은 학생들이 좋아한다.

그러므로 교사는 다양한 학습 유형을 가진 학생들의 특성을 고려하여 다양한 교수학 습 방법을 활용하여 수업을 하는 것이 필요하다. 그렇게 하지 않으면 교사의 교수 유형과 비슷한 학습 유형을 가진 학생들은 좋아하겠지만, 반대 학습 유형을 가진 학생들은 학습 참여도가 높지 못할 것이다.

수업 방법에 따라 학생의 역량이 달라진다.

역량(power)이란 구체적인 과제를 수행하는 데 필요한 기술, 능력, 지식의 집합체로 서 문제 해결력을 말한다. 역량의 특징은 총체성, 수행성, 맥락성, 학습 가능성이다. 총체 성이란 지식이나 기술뿐 아니라 동기와 태도를 포함한 인간의 심층적인 특성을 의미한 다. 각 역량의 요소들이 유기적으로 연결되어 있다. 수행성이란 실제 수행 상황에서 과 제에 대한 반응 능력 즉, 실제로 실천할 수 있는 능력을 말한다. 맥락성이란 사회적 맥 락에 내재된 가치와 기준을 고려하여 발휘하는 능력을 의미한다. 학습 가능성이란 경험 에 의해 형성하고 학습을 통해 습득할 수 있는 능력을 말한다. 역량은 지적인 능력으로 만 국한되지 않는, 가치, 태도, 동기, 기술 등이 포함된 총체적인 능력이라 할 수 있다. 지 식, 기술 등이 드러난 역량이라면 자기 정체성, 특성, 동기, 자세, 신념 등은 감춰진 역량 이라 할 수 있다.

2015 교육과정에서는 6대 핵심 역량으로 자기 관리 역량, 지식정보처리 역량, 창의적 사고 역량, 심미적 감성 역량, 의사소통 역량, 공동체 역량을 제시하고 있다. 그런데 학생 의 다양한 역량을 기르려면 그에 맞는 수업 방법이 필요하다. 학생들의 역량을 기르기 위 해서는 강의식 설명법만으로는 부족하다. 왜냐하면 강의식 설명법은 지식정보처리 역량 을 신장시키는 데 도움이 될 수 있겠지만 창의적 사고 역량, 심미적 감성 역량을 기대하 기는 현실적으로 힘들기 때문이다. 자기 관리 역량을 기르기 위해서는 학습 코칭 등이 필 요하고, 지식정보처리 역량을 신장시키기 위해서는 ICT, E-LEARNING, 매체 활용 수업

등이 좋을 것이다. 창의적 사고 역량에는 하브루타, 비주얼싱킹, ICT, 프로젝트 수업 등이 적합할 것이고, 심미적 감성 역량에는 발도르프, 다중지능 수업 등이 좋을 것이다. 의사소통 역량은 자유 글쓰기, 독서 수업, 토의 토론, 프로젝트 수업 등과 관련이 있고, 공동체 역량은 협동 학습, 협력학습, 봉사 활동 등이 좋을 것이다.

최근 혁신 교육 운동이 일어나고 교사들의 현장 연구가 활발해지면서 수업 방법에 대한 관심이 높아졌다. 1990년대 열린 교육 운동은 강의식 위주 전통 수업 방법에 대한 비판으로부터 시작하였고, 다양한 수업 방법을 교실에 적용하는 계기가 되었다. 열린 교육 운동이 보수 언론으로부터 공격을 받고 담론이 위축되었다. 하지만 1990년대 중반 도입된 협동 학습이 2000년대 이후 협동 학습 운동을 통해 교실에서 모둠 수업이 확산되고 보편화되었다. 최근 2010년대 이후에는 배움의 공동체, 거꾸로 수업, ICT 수업, 이러닝 수업, 하브루타 수업, 비주얼싱킹 수업, 독서 수업, 온작품 읽기, 토의 토론 수업, 발도르프 수업, 프로젝트 수업 등이 확산되면서 수업 방법의 다양한 담론이 교육계에 확산되면서 다양한 수업 방법이 교실에 적용되고 있다.

하지만 아직도 많은 교사들이 전통적인 수업 방법-강의식 수업, 프레젠테이션 수업, 매체 활용 수업, 문제 풀이식 방법 등-에 의존하여 수업을 진행하고 있다. 전통적 수업 방법과 참여 수업 방법 사이에서 어떻게 방향을 잡아가야 할 것인가?

강의식 수업이 진짜 문제가 많은 수업일까?

수업 혁신 담론이 등장할 때마다 전통적인 수업 방법의 대표적인 접근인 강의식 설명법을 비판하였다. 하지만 강의식 설명법이야말로 많은 장점이 있다.

첫째, 많은 학습 내용을 짧은 시간 안에 전달할 수 있다.
둘째, 교사가 어려운 내용을 쉽게 설명하여 전달할 수 있다.
셋째, 오개념이 생길 가능성이 작다.
넷째, 다른 수업 방법에 비해 가장 경제적이다,

다섯째, 청각형 학습자에게는 적절한 수업 방법이다.

이러한 장점을 가진 교수학습 방법이 존재하지 않는다. 그러기에 강의식 설명법은 아무리 비판을 해도 학교가 존속되는 한 지속될 것이다.

하지만 강의식 수업의 단점도 존재한다. 첫째, 교사의 역량에 따라 학습 효과가 달라질 수 있다는 것이다. 다른 수업 방법에 비해 교사 의존도가 높다 보니 교사 개인의 역량에 따라 학습 효과 차이가 크게 난다.

둘째, 학생 입장에서는 수동적인 경험을 할 수밖에 없다. 아무리 교사가 잘 가르친다고 하더라도 학생 입장에서는 수동적으로 수용하는 입장이다. 최근 학생들의 학습 집중도가 떨어지고 있다. 학습 의지가 낮은 학생들에게 강의식 수업 방법은 학습 효과가 낮게 나타날 수 있다.

셋째, 학생들이 강의식 설명법에 집중할 수 있는 시간은 학습 연령에 비례한다는 것이다. 일반적으로 초등학교 저학년 학생의 경우는 5분 내외, 초등학교 고학년 학생의 경우는 10분 내외, 중학생의 경우는 15분, 고등학생의 경우는 18분 내외라고 한다. 하지만 최근의 어떤 통계에서는 8초 정도라고 말하기도 한다. 강의식 수업 시 학생들의 집중 시간은 학생들의 학습 연령과 의지, 교실 상황 등에 따라 달라질 수 있기 때문에 쉽게 단정 시을 수 없지만 확실한 것은 예전 학생보다 학습 집중도가 떨어진다는 것이다. 필자의 수업코칭 경험에 비추어보면 일반적으로 인문계 고교생의 경우, 평균 10분정도 집중한다.

넷째, 촉각형 학습자, 체험형 학습자들에게는 가장 힘든 시간이 될 수 있다. 보고 만지거나 움직여야 하는 학생들의 경우, 가만히 앉아서 교사의 설명에만 집중하라는 것은 그리 쉬운 것이 아니다.

강의식 설명법 자체가 절대악(絕對樂)이 아니라 오히려 학습 상황에 따라 가장 적절한 수업 방법이 될 수 있다. 전체 수업 시간을 강의식 수업 방법으로만 진행하니까 문제가 발생하는 것이다. 그러므로 학습 주제와 학생의 특성 등에 따라 다양한 수업 방법을 적절하게 구조화하여 활용하는 것이 필요하다.

수업 혁신의 방향

'혁신(革新, innovation)'의 사전적인 의미는 묵은 풍속·관습·조직·방법 등을 바꾸어 아주 새롭게 하는 것이다. 혁신이란 기존에 존재하지 않았던 새로운 가치를 더하는 행동을 말한다. '수업 혁신'이란 기존 수업 방식을 새롭게 바꾸는 것을 의미한다. 기존 수업 방식이 만족스럽다면 혁신이 필요 없겠지만 그 한계가 있기에 수업 혁신 담론이 등장하게 된 것이다. 수업 혁신의 방향은 다음과 같은 방향으로 이루어져야 한다.[3]

학습 방식

학습 방식에 있어서 수업 혁신의 방향은 가르침에서 배움, 배움에서 익힘으로, 익힘에서 깨침으로 나아가야 한다. 가르침에 중점을 둔 수업 방법은 강의식 설명법, 선행 조직자 등이라면 배움에 중점을 둔 수업 방법은 배움 중심 수업, 배움의 공동체, 협동 학습 등이다. 익힘에 초점을 둔 수업 방법은 완전학습, 거꾸로 수업, 각종 암기법이라면 깨침에 초점을 둔 수업 방법은 하브루타, PBL 수업, 프로젝트 수업 등이다.

전통적인 수업 담론이 교사의 교수 행위 개선을 목표로 했다면, 배움 중심 수업 등장 이후에는 학생의 배움을 강조하였다. 그런데 배움은 가르침이 없이 일어나는 행위가 아니다. 가르침이 있어야 배움이 일어나지만 가르침은 있으나 배움이 일어나지 않으면 좋

---

3) 김현섭·장슬기(2019), "미래형 교육과정을 디자인하다", 수업디자인연구소

은 수업이라고 보기 힘들다. 그런데 배움은 익힘의 과정을 통해 학생에게 내면화된다. 배움이 일어났어도 시간이 지나면 망각될 수 있다. 익힘의 과정을 통해 지속적으로 배움의 상태에 머무를 수가 있다. 깨침은 학생들이 스스로 배우는 단계를 말한다. 교사가 가르친 것 이상으로 배움이 일어나기 위해서는 학생 스스로 깨칠 수 있는 자기주도적 학습 단계에 올라갈 수 있어야 한다.

교사의 역할

교사의 역할도 지식의 전달자나 정원사 역할을 넘어 학습 촉진자, 안내자, 매니저로서 역할을 해야 한다. 교사는 티칭(Teaching)에서 코칭(Coaching)을 해야 한다. 즉, 교사는 학생을 단순하게 지식을 가르치는 것을 넘어 학생들이 학습 주제에 대하여 스스로 문제를 해결할 수 있도록 도와주는 역할을 해야 한다. 지식의 폭증으로 인하여 기존 교과 중심 수업이 한계에 다다르고 있다. 교사가 많은 지식을 가지고 있다고 해서 잘 가르치는 것도 아니다. 물론 교사가 많은 지식을 가지고 있어야 수업을 하는 데 도움이 되지만 교사가 많은 지식을 학생들에게 전달하려고만 한다면 배움이 잘 일어나기 힘들 수 있다. 수업의 본질이 가르침보다 배움이 우선이라면 학생의 자기주도적 학습을 위해서는 교사가 단순히 지식을 가르치는 것을 넘어 학생이 스스로 문제를 해결할 수 있도록 도움을 주고, 격려하고 안내하는 역할을 할 수 있어야 한다.

학습 구조론

학습 구조란 학생과 학생 사이의 상호 작용을 말한다. 학습 구조에는 개별 학습, 경쟁 학습, 협동 학습이 존재한다. '나는 나대로, 너는 너대로' 상호 방식이 일어나지 않은 개별 학습, '나의 성공의 너의 실패'인 부정적인 상호 의존 관계인 경쟁 학습, '나의 성공의 너의 성공'인 긍정적인 상호 의존 관계인 협동 학습이 있다. 여기에 교사와 학생 사이의 상호 작용을 포함하면 일제 학습이 추가된다. 일제 학습이란 교사가 학생들에게 일방적으로 의사소통을 하는 것을 말한다. 이러한 4가지 학습 구조의 특징을 비교하면 다음과 같다.[4]

구분	일제학습	개별 학습	경쟁 학습	협동 학습
특징	교사가 지식을 일방적으로 전달함	교사가 학생 수준에 따라 개별적으로 가르침	개인이나 집단 간의 경쟁을 통해 가르침	개인이나 집단 간의 협동을 통해 가르침
수업 방법	·강의식 설명법 ·선행 조직자	·수준별 수업 ·열린 교육 수업	·퀴즈식 수업 ·상대 평가 활용 수업	·협동 학습 ·모둠 프로젝트 수업
장점	·많은 학습 내용을 짧은 시간에 전달 가능 ·오개념이 적음 ·효율적, 경제적	·학생의 흥미 유발 ·학습 개인차 인정 ·학생의 개성과 다양성 존중	·수업이 활기참 ·학습 효과 증대 ·수업의 긴장도 유지	·학생들 간의 긍정적인 상호 의존 및 사회적 기술 발달 ·학생 흥미 유발 ·학습의 효율성 증대
문제점	·학생 입장에서는 수동적 자세 ·교사 비중이 큼	·교사들의 교수 부담이 큼 ·적절한 학습 환경이 필요	·학습의 부익부 빈익빈 현상 ·학습 수준이 낮은 학생들에 대한 배려 미흡	·학습자의 잘못된 이해 가능성 ·내성적 학생들의 문제
실패할 수 있는 조건	·학생들의 집중력이 떨어질 때 ·지식과 삶의 분리될 때	·타인과의 대화나 상호 작용이 많을 때 ·학습 자료가 부족할 때	·규칙이 공평하지 못할 때 ·과제가 복잡하고 어려울 때	·책임이 분명치 않을 때 ·각자가 타인에게 도움을 주지 않을 때
교사의 역할	전달자	정원사	심판관	매니저

학습 구조들은 각기 장단점을 가지고 있고, 실제 수업에서는 적절하게 활용하는 지혜가 필요하다. 하지만 수업 문화 측면에서 학습 구조를 바라볼 때는 일제 학습에서 개별 학습으로, 경쟁 학습에서 협동학습으로 수업 혁신이 이루어져야 한다. 현재 수업 문화는 일제 학습과 경쟁 학습을 기반으로 구성되어 있다면 앞으로는 개별 학습과 협동 학습을

---

4) 김현섭 외(2012), "협동학습1", 한국협동학습센터

기반으로 혁신되어야 한다. 개별 학습을 통해 학생 개개인의 특성이 존중되고 맞춤형 교육과정과 수업을 통해 배움의 기쁨을 온전히 누릴 수 있도록 해야 한다. 협동 학습을 통해 학습공동체를 경험하고 함께 나누는 과정을 통해 모두가 성공할 수 있는 경험을 가질 수 있도록 해야 한다.

2장. 교구 활용 참여 수업이란 무엇인가?

참여 수업이란?

　교수전략이란 학습 목표를 성취하기 위하여 어떠한 교수-학습의 내용과 과정을 어떻게 사용할 것인가에 대한 전반적인 계획이다. 수업 방법은 교수전략보다는 작은 개념으로서 교수전략을 실현하기 위한 구체적인 활동이나 기법을 말한다. 수업 디자인을 하는 데 있어서 동일한 학습 내용도 어떠한 교수전략에 따라 접근하느냐에 따라 다르게 수업을 전개할 수 있다. 교수학습 방법은 미시적인 수업 기술이라면 교수전략이란 교수학습목표를 이루기 위한 기본적인 가르침의 접근 방식을 의미한다. 이러한 교수전략은 크게 3가지로 나눌 수 있다. 게리 보리쉬 저, 박승배 공역(2002), "효과적인 교수법(4판)", 프랜티스 홀

　첫째, 지식이나 교사 중심의 직접적인 교수전략이다. 직접적인 교수전략의 핵심 질문은 '교사가 직접 가르칠 것인가?'이다. 대표적인 수업 방법으로 설명식 강의법, 시청각 수업, 프레젠테이션 설명 등이다. 객관적인 인식론에 근거하여 교사가 객관적인 지식을 잘 설명하여 학생들이 잘 이해할 수 있도록 돕는 방식이다.

　둘째, 경험이나 학생 중심의 간접적인 교수 전략이다. 여기에서의 핵심 질문은 '학생 스스로 발견할 수 있도록 하는가?'이다. 대표적인 수업 방법으로 발견학습, 실험, 탐구 학습, 비구조화된 프로젝트 수업 등이 해당된다. 학생들이 자기주도적으로 학습 활동에 적극적으로 참여할 수 있도록 하고 교사는 학생들의 학습 활동을 돕는 역할을 수행하는 것이다.

　셋째, 직접적인 교수전략과 간접적인 교수전략의 장점을 통합한 참여적 교수전략이다. 여기에서의 핵심 질문은 '교사가 이끌고 학생들이 자기주도적으로 참여하는가?'이다. 대표적인 수업 방법으로 협동 학습, 구조화된 프로젝트 수업, 실천 공유 전략 등이 여기에 속한다. 교사가 전반적으로 수업을 이끌어가되, 학생들이 적극적으로 참여할 수 있도록 장을 열어준 수업 형태이다.

구분	직접적 교수 전략	간접적 교수 전략	참여적 교수 전략
강조점	교사, 지식 중심	학생, 경험 중심	교사의 계획 + 학생의 참여
핵심 질문	직접 가르칠 것인가?	학생들이 스스로 발견할 수 있도록 할 것인가?	교사가 이끌고 학생들이 자기주도적으로 참여하도록 할 것인가?
수업 방법	강의식 설명법, 프레젠테이션, 시청각 수업, 선행 조직자 등	발견학습, 실험, 실습, 탐구 학습 등	토의 토론 수업, 협동 학습, PBL 수업, 프로젝트 수업 등
특징	지식의 전달	학생의 경험을 중심으로 탐구하기	직접적 교수전략+간접적 교수전략
단점	학생의 수동적 참여	지식의 약화	교사의 전문성이 전제되지 않으면 실패 가능성

직접적인 교수전략은 사실, 규칙, 행동 계열을 가르치기에 좋다면 개념, 패턴, 추상화를 다루는 데 있어서는 간접적인 교수전략이 좋다. 직접적 교수전략의 장점이 간접적 교수전략의 단점이고 직접적 교수전략의 단점이 간접적 교수전략의 장점이 된다. 그러므로 이 둘의 관계는 상호대립적인 접근이지만 동시에 상호보완적인 관계에 있다고 볼 수 있다. 직접적인 교수전략과 간접적인 교수전략의 장점을 결합한 것이 바로 참여적 교수전략이다. 그래서 최근에 개발되고 강조되고 있는 교수학습 방법들이 대체로 참여적 교수전략에 근거한 경우가 많다. 학생들을 수업에 적극적으로 참여시키려면 참여적 교수전략에 근거한 교수학습 방법들을 적극적으로 활용하는 것이 좋을 것이다.

이 중에서 참여 수업은 참여적 교수전략에 기반한 수업 접근 방식을 말한다. 참여 수업은 교사의 의도적인 수업 디자인과 학생의 적극적인 참여로 이루어진다.

참여 수업은 학생들의 적극적인 학습 의지와 기초 지식에 대한 이해를 전제로 운영된다. 만약 학생들의 학습 의지가 낮다면 다양한 참여 기회를 제공하여 학습 의지를 높일 수 있다. 그런데 학습 주제에 대한 기초 지식과 이해가 부족하면 참여 수업 방법을 활용해도 소기의 학습 효과를 거두기 힘들 수 있다. 그러므로 기초 지식과 이해를 위한 입력(Input)이 있어야 그에 따른 산출물(Output)을 기대할 수 있다.

참여 수업과 유사한 개념들이 있다. 열린 교육, 배움 중심 수업, 협력학습 등이다.

- **열린 교육** : 학습자의 학습 속도와 관심에 있어서 개인차를 존중하고, 내재적 흥미에 의해 자율적으로 학습하도록 하기 위해 교육과정을 유연하게 편성, 운영하는 총체적 자율화 교육 (한국교육개발원, 한국열린교육협의회, 1997)
- **배움 중심 수업** : 삶에 필요한 역량을 기르기 위한 자발적인 배움이 일어나는 수업, 배움은 교수학습 내용이 학생의 자기 생각 만들기를 통하여 삶과 유의미한 관계를 맺는 것, 교사의 수업 설계와 의도를 기반으로 배움이 일어남. (경기도교육청, 2016)
- **협력학습** : 플랫폼으로서 협력학습, 협력학습 안에 협동 학습, 토의 토론 수업, 거꾸로 수업, 프로젝트 수업을 이해함. (서울 수업사랑연구회, 2013)
- **질문이 있는 교실에서의 수업** : 학생 중심, 경험 중심, 협력적 배움 중심으로 활기차고 재미있는 수업, 질문하고 토론하며 협력하는 활기찬 교실 구현, 지성·감성·인성을 기르는 수업(서울시교육청, 2016)

이 개념들은 특정한 수업 방법을 의미하는 것이 아니라 포괄적인 교수전략이라는 점에서 공통적이다. 다만 이러한 개념의 이론적인 기반과 강조점은 약간 다르다. 열린 교육은 개별화 교육에 기반을 둔 접근법이다. 협력학습은 개별 학습과 경쟁 학습을 제외한 협동 학습 구조에 기반을 둔 접근법이다. 배움 중심 수업은 가르침 중심 수업(강의식 일제학습)의 반대 개념으로서 배움을 강조하면서 교육과정 재구성과 참여적 교수전략을 결합한 접근법이다. 그에 비해 참여 수업은 학생 참여적 교수전략에 기반을 둔 수업 접근이라고 볼 수 있다. 참여 수업은 학생이 수동적 자세가 아니라 능동적으로 참여할 수 있도록 유도하는 수업 방식을 말한다.

교구 활용 참여 수업(TIC, Tools In Class)이란?

교구(教具)란 교육 활동과 수업 시간에 활용하는 모든 도구를 말한다. 교육사를 살펴보면 교육 활동에 있어서 다양한 도구들이 개발되어 활용되었다. 코메니우스는 직관주의 교육 입장에서 감각을 활용할 수 있는 다양한 수업 도구들(그림책 등)을 직접 개발하고 활용하였다. 독일의 프뢰벨은 가베(은물)라는 교구를 개발하여 유아 교육에 적극적으로 활용하였다. 가베(GABE)란 점, 선, 면, 입체로 구성된 조각을 사용하여 여러 가지 모양을 만들 수 있는 놀이를 말한다.

외부의 자극은 신체적 감각 기관을 통해 받아들인다. 감각(感覺, sense)이란 외부의 물리적 자극에 의해 인간의 의식에 변화가 생기는 것을 의미한다. 감각 기관이 외부의 물리적 자극을 전기적 신호의 한 형태인 활동 전위로 바꾸면, 신경을 통해 뇌까지 활동 전위가 전달된다. 이렇게 전달된 활동 전위는 뉴런의 말단에서 신경전달물질이 뇌 속으로 분비되도록 한다. 이렇게 하여 뇌 속에 변화가 생기게 된다. 이렇게 하여 인간의 의식에 변화가 생기게 된다. 감각의 대표적인 종류가 오감이다. 오감(五感, five senses)은 시각·청각·후각·미각·촉각 등의 5가지 감각을 말한다. 시각의 감각 기관은 눈의 망막이고, 청각의 감각 기관은 귀의 달팽이관이다. 후각은 코의 비점막이고, 미각은 혀의 미뢰이고, 촉각은 피부로서 압각, 온각, 냉각, 통각, 고유 감각이 있다.

학생의 배움은 오감을 통해 이루어진다. 학습 유형은 감각 기관을 중심으로 분류할 수 있다. 즉, 청각형 학습자, 시각형 학습자, 체험형 학습자 등으로 나눌 수 있다. 청각형 학습자는 강의식 설명법을 선호하지만, 시각형 학습자는 비주얼싱킹, 매체 활용 수업을 좋아하고, 체험형 학습자는 협동 학습, 프로젝트 수업, 실험 실습 등을 선호한다. 실제 교실에 있는 학생들은 다양한 학습 유형을 가지고 있으므로 특정한 수업 방법만으로 모든 학생을 만족스럽게 수업하기는 현실적으로 힘들다.

그러므로 적절한 교구 사용은 전반적인 수업 분위기를 활기차게 만들고 특히 시각형 학습자나 체험형 학습자들에게 좋은 학습 효과를 기대할 수 있다.

왜 교구 활용 참여 수업(TIC, Tools In Class)인가?

첫째, 학생 입장에서 교구를 통한 활동(체험)이 강의식 수업(듣기)에 비해 학습 효과가 뛰어나다. 특히 체험형 학습자들에게는 교구 활용 수업이 매우 효과적인 수업 방법이 된다.

둘째, 협동 학습, PBL 수업 등 학생 참여적 교수전략을 교실에서 실천하는 데 도움이 된다. 다양한 학습 활동을 하려면 지식을 시각화하거나 도구로 만져서 문제를 해결할 수 있도록 하는 것이 필요하다. 특히 협동 학습 등에서는 교구 활용을 하면 효과적으로 수업 진행을 할 수 있다. 예컨대, 모둠 의견을 발표할 때 모둠 칠판에 모둠 의견을 정리하여 칠판 나누기 활동으로 활용하면 좋다.

셋째, 교사가 수업 교구를 활용하면 활동 중심 수업 진행 시 더욱 손쉽게 할 수 있다. 타이머를 활용하면 수업 시간 관리에 큰 도움이 되고, 수업 보드게임을 활용하면 재미있게 게임처럼 학습 내용을 익힐 수 있다.

넷째, 저학년 학생이나 학습 의지가 낮은 학생일수록 교구 활용 수업이 효과적일 수 있다. 유아기 학생이나 초등학교 저학년 학생들의 발달단계 특성상 추상적 사고보다는 구체적인 사고방식으로 지식을 익히기 때문에 직관적 접근, 직접 만지고 노는 과정을 통해 지식을 습득하는 것이 좋다. 원의 특성을 보여주거나 설명하는 것보다 학생들이 직접 사물을 대고 원을 그리거나 컴퍼스를 활용하여 원을 그려보는 것이 좋다. 학습 의지가 낮은 학생의 경우, 학습 동기 유발하기가 현실적으로 쉽지 않다. 하지만 다양한 수업 도구를 활용하면 교구에 관심을 가지고 수업 활동에 참여하는 경우가 많다.

다섯째, 교구를 활용한 시범 보이기 수업보다 교구를 활용한 참여 수업이 학습 효과가 크다. 교사가 직접 시범을 보이면 학생들이 관찰하거나 구경하는 수준에 그치지만 참여 수업 방법을 활용하면 학생들이 직접 교구를 활용할 수 있으므로 흥미 있게 수업 활동에 참여할 수 있게 된다.

여섯째, 놀이와 수업이 결합한 게이미피케이션(Gamification, 게임화) 입장에서 교구 활용 참여 수업은 꼭 필요하다. 학습 의지가 낮은 학생들이라도 즐거움의 욕구가 높은 경우가 많다. 공부하는 것은 힘들어해도 노는 것은 좋아한다는 것이다. 그래서 수업을 노는 것처럼 만들면 학습 의욕이 낮은 학생들도 즐겁게 수업 활동에 참여할 수 있다.

교구 활용 참여 수업(TIC, Tools In Class) 시 유의사항

첫째, 최고의 수업 교구는 값비싼 최첨단 도구가 아니라 교사와 학생이다. 가장 좋은 교구는 도구가 아니라 사람이라는 것이다. 교구는 수업 활동을 위한 수단과 도구일 뿐 목적 자체가 아니다. 그러므로 교구 자체에 초점을 맞추어 수업을 진행한다면 목적과 수단이 바뀌게 된다.

둘째, 수업 교구는 재미를 넘어 흥미 유발의 도구로 활용해야 한다. 재미와 흥미는 구분되어야 한다. 재미(Fun)는 즐거움을 의미하지만, 흥미(Interest)는 지식에 대한 몰입을 통해 경험되는 것이다. 흥미가 있으면 재미는 함께 따라오지만, 재미가 있다고 해서 늘 흥미로 연결되는 것은 아니다. 교구를 활용하면 재미는 보장하지만 그렇다고 늘 흥미 단계로 연결되는 것은 아니다. 어떤 학생이 교구를 활용하여 장난만 친다면 재미를 느낄 수 있겠지만 학습 주제에 대한 흥미를 느끼게 된 것은 아니다. 이러한 경우는 교구가 오히려 학습 흥미에 방해가 되는 도구로 전락하게 된다.

셋째, 수업 교구는 교사의 의도와 통제 안에서 활용되어야 한다. 수업 교구를 가지고 장난을 치다가 안전사고가 발생하면 안 된다. 질서 세우기가 전제되지 않은 상태에서 참여 수업은 수업 혼란과 시간 낭비가 된다.

넷째, 교사나 학생이 직접 교구를 만들어 활용하면 좋다. 기존 수업 교구를 활용하는 것도 좋지만 경제적인 측면에서 생각할 때 직접 만들어 활용하는 것도 좋다. 교사가 직접 수업 교구를 민드는 것은 많은 에너지가 필요하므로 학생들이 직접 교구를 만들어 활용할 수 있도록 하는 것도 좋은 방법이 된다.

다섯째, 교사가 교과 교실제를 활용하거나 교구함 밀대(수레, cart)를 사용하면 좋다. 초등학교 교실의 경우는 학급에 비치하여 활용하면 되지만 중고등학교의 경우, 교구를 관리하는 것이 그리 쉽지 않다. 이 경우, 교과 교실제를 통해 교과 교실이나 특별교실에 상시적으로 비치하면 좋고, 교과 교실제가 아닌 경우, 교구함 밀대(수레)를 구입하여 활용하면 좋다. 일반 밀대(수레)를 저렴하게 구입하여 거기에 각종 교구를 넣어 보관하는 방법이 좋다.

여섯째, 좋은 수업을 하려면 시간과 예산을 투자해야 한다. 교구를 제작하는 시간과 예산을 아까워하지 않아야 한다. 예산 문제는 교과 예산이나 학급 예산 등을 활용하면 좋다. 예산이 부족하다면 단위 학교 내 교수학습비나 교육청에서 주관하는 프로젝트에 응모하여 구입하는 것도 좋은 방법이다.

제2부
교구 활용 참여
수업의 실제

3장.
감정을 읽고 격려하는
감정격려 카드 활용법

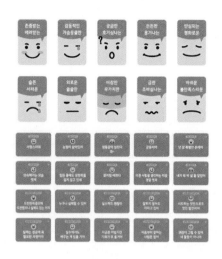

감정격려 카드란 다양한 감정 단어와 격려 표현을 모아 대화 활동을 할 수 있도록 만든 카드이다. 카드 앞 장에는 다양한 감정들을 모아 비슷한 감정들을 4가지 색깔별로 분류하여 제시하였다. 카드 뒷장에는 다양한 격려 표현을 '과정에 초점을 맞추기', '그 순간 그 사람에게만 해 줄 수 있는 말을 하기', '감동과 감탄으로 바라보기', '소속감을 불러일으키기', '실패를 배움으로 삼기' 등으로 분류하여 제시하였다. 감정 카드는 감정코칭과 정서 심리학을 기반으로 만들었고, 격려 카드는 아들러 심리학과 욕구 코칭을 기반으로 하여 개발하였다. 감정격려 카드는 인성 수업 자료로서 다양한 관계 세우기 (모둠 및 학급 세우기, 아이스 브레이킹) 활동을 할 수 있도록 고안되었다.

자기 감정에 대한 알아차림을 할 수 있어야 다른 사람의 감정을 알아차리고 배려할 수 있다. 학생들의 경우, 감정 자체는 느끼지만 자기가 느끼고 있는 감정 자체가 어떠한 감정인지를 잘 모르거나 자기감정을 어떻게 표현하지 못하는 경우가 많다. 그래서 감정을 알아차리고 표현할 수 있도록 감정 카드를 개발한 것이다.

칭찬은 장점도 있지만 단점도 존재한다. 남에게 잘 보여주고 싶어서 행동하기 때문에 다른 사람이 없으면 그렇게 행동하지 않을 수 있다. 실패하면 자신감이 하락하고, 어려워지면 노력을 중단할 수 있다. 칭찬을 하다가 칭찬을 하지 않으면 적절치 못한 행동으로 칭찬을 받으려고 할 수 있다. 그래서 아들러는 칭찬보다는 그 대안으로 격려를 강조한다. 칭찬은 긍정적이거나 성공한 행동 결과에 대한 피드백이지만 격려는 부정적이거나 실패한 행동 결과나 과정 자체에 대한 피드백을 포함한다. 칭찬에 비해 격려는 일상생활에서 잘 사용하지 않고 있기 때문에 막상 격려 활동을 하려고 하면 어떻게 격려해야 할지 난감한 경우가 많다. 그래서 격려 카드를 통해 다양한 격려 표현을 연습할 수 있도록 하였다.

01

감정읽기

- "너의 마음을 읽고 공감해 줄게"
- 핵심 아이디어 : 친구가 자신의 상황을 이야기하면, 다른 사람들은 상대방의 감정을 경청하고 공감하여 그 상황에 맞는 감정을 찾아주면서 서로의 감정을 알아차리고 공감할 수 있다.
- 진행 단계

① 이야기 주인공이 최근 자신의 상황(힘들었던 일, 어려웠던 일, 근황 등)을 이야기한다.

② 모둠원들은 이야기 주인공이 느낄 수 있는 감정 카드를 골라 추측해 준다.

③ 이야기 주인공은 모둠원들이 추측한 감정 카드 중 자신이 느끼는 감정과 가장 잘 맞는 감정 카드를 골라 이유를 이야기한다.

- 유의사항

  - 감정 카드가 모두 보일 수 있도록 미리 가지런히 놓아두고 시작한다.

  - 감정 카드를 색깔별로 구분해 놓으면 훨씬 더 한눈에 잘 들어온다.

- TIP

  - 모둠별로 한 명씩 돌아가면서 한다.

  - 말하는 사람만 말할 수 있고, 나머지는 경청하는 자세로 열심히 듣도록 한다.

- 개발자 / 참고 문헌

  - 김현섭, 김성경(2018), 「욕구 코칭」, 수업디자인연구소

02

감정 스피드 퀴즈

- "내가 표현하는 감정 단어를 맞혀 봐"

- 핵심 아이디어 : 다양한 감정들을 이해하고 표현할 수 있도록 한다.

- 진행 단계

① 이야기 주인공이 최근 자신의 상황(힘들었던 모둠 대표 한 명이 앞에 나와서 감정 카드를 무작위로 골라 감정 카드에 맞는 몸짓을 한다.

② 같은 모둠원들이 감정 카드의 단어를 알아맞힌다.

※ 모둠 대항전으로도 가능하다. 1단계는 표정으로, 2단계는 몸짓으로, 3단계는 상황설명을 통해 알아맞힐 수도 있다. 이때 빨리 맞힐수록 점수를 많이 준다.

- 유의사항   - 감정 카드가 모두 보일 수 있도록 미리 가지런히 놓아두고 시작한다.

                   - 감정 카드를 색깔별로 구분해 놓으면 훨씬 더 한눈에 잘 들어온다.

- TIP   - 감정 단어를 아직 많이 모를 경우, 칠판에 감정 카드를 모두 붙여놓고 어떤 감정 단어가 있는지 보여주면서 놀이를 하면 맞히는 아이들이 다양한 감정 단어를 말하도록 할 수 있다.

- 개발자 / 참고 문헌   - 김현섭, 김성경(2018), 「욕구 코칭」, 수업디자인연구소

03

감정 숨바꼭질

- "내가 표현하는 감정 단어를 맞혀 봐"

- 핵심 아이디어 : 다양한 감정들을 이해하고 표현할 수 있도록 한다.

- 진행 단계

방법 1. 전체가 돌아다니면서 진행하기

① 짝꿍끼리 서로의 등에 감정 카드를 하나씩 붙인다. 이때 자신의 카드는 보지 않도록 한다.

② 교실을 돌아다니면서 만나는 사람과 인사를 하고, 서로의 등에 붙은 감정 단어를 서로에게 보여준다.

③ 상대방의 감정 단어에 대해 표정, 몸짓, 상황을 들어가면서 번갈아 설명한다.

④ 설명을 다 듣고, 예상되는 감정 단어를 활동지에 적는다. (활동지는 별도 첨부)

⑤ 4명의 친구를 모두 만나고 나면 자리로 돌아온다.

⑥ 자신의 등에 붙어있던 감정 카드를 떼고 확인한다.

⑦ 맞히는 데 도움이 가장 많이 된 친구에게 그 감정 카드를 준다.

방법 2. 모둠별로 앉아서 진행하기

① 짝꿍끼리 서로의 등에 감정 카드를 하나씩 붙인다. 이때 자신의 카드는 보지 않도록 한다.

② 첫 번째 모둠원이 자신의 감정 카드를 나머지 친구들에게 보여준다.

③ 친구의 등에 붙은 감정 단어를 한 명씩 차례대로 설명한다. 이때, 표정, 몸짓, 상황을 들어가면서 설명한다.

④ 설명을 다 듣고, 예상되는 감정 단어를 활동지에 적는다.

⑤ 자신의 등에 붙어있던 감정 카드를 떼고 확인한다.

⑥ 맞히는 데 도움이 가장 많이 된 친구에게 그 감정 카드를 준다.

⑦ 나머지 모둠원도 같은 방법으로 돌아가면서 진행한다.

※ 등에 붙이는 것 대신 이마에 카드를 살짝 붙이거나 감정 카드를 무작위로 선택하되, 자기가 선택한 감정 카드 내용을 보지 않고 다른 모둠원들이 잘 보도록 하는 방법도 좋은 방법이다. (감정 거울).

- 유의사항

  - 표정, 몸짓, 상황을 모두 들어서 설명해도 되지만, 설명 시간은 1분으로 제한한다.

- TIP

  - 등에 붙일 때는 테이프를 이용해서 등에 붙이도록 한다. 카드가 코팅된 재질이라 테이프를 떼었다 붙였다 해도 괜찮다.
  - 거울은 가리거나 잠시 치운다.

- 개발자 / 참고 문헌

  - 김성경, 오정화, 권수진

04
감정 속 욕구 찾기

- "너의 감정에 어울리는 욕구는 이거야"

- 핵심 아이디어 : 어떤 감정이 드는 이유를 내면의 욕구로 파악할 수 있다.

- 진행 단계

방법 1. 전체가 돌아다니면서 진행하기

① 이야기의 주인공은 감정 카드 중 자신의 상황에 맞는 감정 카드를 골라 자신의 상황과 그때의 감정을 이야기한다.

② 다른 모둠원들은 욕구 카드에서 이야기 주인공이 가장 필요로 하는 욕구 카드를 골라 추측해서 이야기해 준다.

③ 모둠원의 이야기를 다 들은 후 이야기 주인공은 자신에게 가장 잘 맞는 욕구 카드를 고르고 그 이유를 이야기한다.

- 유의사항
  - 욕구 카드와 감정 카드 2가지 카드 활동을 동시에 하는 활동이다. 그러므로 욕구 카드와 감정 카드가 섞이지 않도록 주의한다.
  - 친구의 상황을 들을 때에는 코멘트를 하거나 끼어들어 이야기하지 않고 무조건 경청하게 한다.

- 개발자 / 참고 문헌
  - 김현섭, 김성경(2018), 「욕구 코칭」, 수업디자인연구소

05

격려 이끔말

- "여러 가지 격려 표현을 자주 말해 봐"
- 핵심 아이디어 : 격려를 5가지 영역으로 나누어 다양한 격려 문구를 수시로 연습할 수 있도록 한다.
- 진행 단계

① 한 주 혹은 한 달 동안의 격려 카드를 선정하여 붙여놓고 모둠원들이 그 말을 연습해보게 한다.

"난 언제나 네 편이야!"

② 자신이 자주 말해보고 싶은 격려 카드를 선정해 모둠원들에게 말하는 연습을 한다.

격 려 왕

③ 해당 기간 종료 후 그동안 해당 격려 표현을 가장 많이 사용한 모둠원을 뽑아 격려왕으로 선정한다.

- TIP

  - 격려 카드가 없는 경우, 다음 격려 도표를 활용할 수 있다.

감동 감탄하기	과정에 초점 맞추기	소속감을 불러일으키는 말	실패를 배움의 기회로 삼는 말
· 눈빛이 살아있어. · 생동감이 넘친다 와~ · 감동이야 · 넌 참 특별한 존재야. · 성숙해가는 모습, 멋져 · 힘든 중에도 활기를 잃지 않고 있네 · 다른 사람을 생각하는 마음, 정말 멋져 · 네가 꼭 해 낼 줄 알았어	· 수고 많았어~ 애썼다. · 노력하는 모습, 정말 멋져~ · 최선을 다한 걸 알고 있어 · 오랜 시간을 투자했나 보다. 정성이 느껴져. · 힘들었을 텐데 잘 이겨냈네 · 고민의 흔적이 보인다 · 너의 수고와 흘린 땀이 상상이 된다. · 네가 얼마나 노력했는지 알고 있어.	· 도움을 주려는 네 마음이 느껴져 · 네가 옆에 있어서 든든하고 참 좋다. · 네 도움이 큰 힘이 되었다. 고마워 · 넌 영원한 내 ___야 · 덕분에 우리 ___가 잘 되고 있어 · 넌 우리에게 소중한 사람이야 · 당신이 있어서 이 공간이 특별해졌어	· 도전한 것 자체가 중요해 · 도전했으니 실패도 있는 거지 · 나도 실패를 많이 한단다 · 모두가 실패하고 누구나 실수하지 · 실수를 통해 배우면 되지 · 잘하지 않아도 자라나고 있어 · 시도하는 것만으로도 멋진 발전이란다 · 실패는 또 다른 기회가 될 거야

- 개발자 / 참고 문헌

  - 김현섭 외(2014), 「사회적 기술」, 한국협동학습센터

  - 김현섭, 김성경(2018), 「욕구 코칭」, 수업디자인연구소

06

돌아가며 격려하기

- "모둠 안에서 돌아가며 한 사람을 집중적으로 격려해 봐"

- 핵심 아이디어 : 모둠 안에서 한 사람을 정해 집중적으로 격려할 수 있도록 한다.

- 진행 단계

① 짝꿍끼리 서로의 등에 감정 카드를 하나씩 붙인다. 이때 자신의 카드는 보지 않도록 한다.

② 이야기 주인공이 최근 자신의 상황(힘들었던 일, 어려웠던 일, 근황 등)을 이야기한다.

③ 모둠원들이 주인공에게 주고 싶은 격려 카드를 2~3장씩 골라 뽑은 이유를 말하며 격려해 준다.

④ 이야기 주인공은 조용히 듣고 있다가 모둠원들의 격려 시간이 끝나면 다시 듣고 싶은 격려 카드를 골라서 이유를 말한다.

⑤ 모둠원들은 이야기 주인공이 고른 격려의 말을 함께 외치며 격려해 준다.

- TIP

  - 매일 아침 활동으로 하면 상쾌하게 아침을 맞이할 수 있다. 매일 한 명씩

    돌아가면서 격려 선물을 주는 아침 활동으로 진행하면 좋다.

도형 욕구 카드나 질문 카드와 함께 사용하는 방법

① 도형 욕구 카드나 질문 카드를 격려 카드와 함께 펼쳐 놓고 사용하기
자신의 상황에 적절한 도형 카드 또는 이미지 카드(질문 카드)를 고른다. 그 카드를 고른 이유를
이야기한다. 다른 모둠원들은 격려 카드에서 격려의 말을 골라서 격려 선물을 한다.

② 도형 욕구 카드와 감정격려 카드를 함께 사용하면서 돌아가며 격려하기 (4단계)
자신의 상황을 말하기(도형 카드 내지 이미지 카드(질문 카드)) 활용 ⇒ 상황 속 자기 감정 말하기(감정
카드) ⇒ 내면의 욕구 알아주기(욕구 카드) ⇒ 어울리는 격려 선물하기(격려 카드)

- 개발자 / 참고 문헌

  - 김현섭, 김성경(2018), 「욕구 코칭」, 수업디자인연구소

07

격려 샤워

- "한 사람을 향해 집중적으로 격려를 해 봐~"
- 핵심 아이디어 : 매일 1~2명의 학생들에게 격려로 시원한 샤워를 할 수 있도록 많은 격려의 말을 해준다.

- 진행 단계

① 매일 1명씩(내지 남학생 1명, 여학생 1명, 총 2명) 정해 전체 학생들이 자유롭게 격려를 한다.

② 교사가 학생들의 격려 표현이 비아냥으로 흘러가거나 장난으로 진행되지 않도록 지도한다.

- 유의사항
  - 반드시 친구의 눈을 보고 격려를 하도록 한다. 그렇게 해야 서로의 마음이 충분히 교감될 수 있다.
  - 교사가 학생들의 격려 표현이 비아냥으로 흘러가거나 장난으로 진행되지 않도록 지도한다.

- TIP
  - 학급 종례 시간에 하면 좋은 활동이다.
  - 교사가 학생들이 사용한 격려 표현을 칠판에 기록할 수 있다. 이렇게 하면 해당 학생이 좋은 격려 표현을 고르기 쉽다.
  - 학급 전체 학생들에게 개별적으로 플래시보드(내지 포스트잇) 1~2장을 배부하고 거기에 격려 표현을 기록하여 교실 칠판에 붙여놓고 교사가 대신 읽어줄 수 있다.

- 개발자 / 참고 문헌
  - 김현섭, 김성경(2018), 「욕구 코칭」, 수업디자인연구소

08

내가 듣고 싶은 격려

- "내가 듣고 싶은 격려 표현과 그 이유를 말해 봐"
- 핵심 아이디어 : 사람마다 듣고 싶은 격려 표현이 각기 다르므로 이를 통해 상대방을 이해하고 상대방 입장에서 힘이 될 수 있는 격려의 말을 한다.
- 진행 단계

① 이야기 주인공이 자신이 듣고 싶은 격려 카드를 선택한다. 그리고 어떤 마음과 상황으로 골랐는지 이유를 이야기한다.

② 모둠원들은 그 격려 카드의 말로 힘을 북돋아 준다.

- 유의사항 　　 - 사람마다 자기가 좋아하는 격려 표현이 각기 다르다. 그러므로 상대방의 이야기를 경청하는 데 초점을 두어 진행한다.

- TIP 　　 - 욕구 유형별로 선호하는 격려 방법이 다르다. 욕구 유형별 격려 방법은 '욕구 코칭' 책을 참고할 것

- 개발자 / 참고 문헌 　　 - 김현섭, 김성경(2018), "욕구 코칭", 수업디자인연구소

4장.
감정을 읽고 격려하는
감정격려 카드 활용법

도형 욕구 카드란 다양한 도형 그림과 욕구들을 모아 다양한 활동을 할 수 있도록 만든 것이다. 카드 앞 장에는 다양한 도형 이미지를 넣었는데, 추상화된 도형 이미지를 통해 주제에 맞추어 비유적으로 표현할 수 있도록 하였다. 카드 뒷장에는 다양한 욕구들을 제시하여 다양한 욕구들을 알아차릴 수 있도록 하였다. 도형 카드는 비유 대화(포토 스탠딩, Photo standing) 활동을 기반으로 만들었고, 욕구 카드는 욕구 코칭과 윌리엄 글라써의 현실치료이론을 기반으로 제작되었다. 도형 욕구 카드는 인성 수업 자료로서 다양한 관계 세우기(모둠 및 학급 세우기, 아이스 브레이킹) 활동을 할 수 있도록 고안되었다.

도형 카드는 다양한 도형 이미지를 자기 자신의 상태나 어떤 주제에 대한 비유적 표현 형태로 선택할 수 있도록 만들었다. 대화 활동 시 바로 자기 마음 상태나 생활 모습을 말하기 쉽지 않다. 그런데 도형 이미지를 선택하여 비유적으로 자기 이야기를 할 수 있도록 하면 좀 더 쉽게 대화할 수 있다. 그래서 제작 당시 다양한 해석이 가능한 추상적인 도형 이미지를 사용하려고 하였다. 왜냐하면 도형 이미지가 추상적으로 모호해야 비유적으로 이야기하기 쉽기 때문이다.

행동 너머에 감정이나 생각이 있고, 그 너머에 욕구가 있다. 그래서 감정에 대한 알아차림보다 욕구에 대한 알아차림이 더 힘들다. 그렇지만 욕구를 이해하고 알아차릴 수 있어야 행동의 근본 동기나 원인을 분석할 수 있다. 자기 욕구에 대한 알아차림을 할 수 있어야 다른 사람의 욕구를 알아차리고 배려할 수 있다. 감정 카드에 비해 욕구 카드는 더욱 심화된 접근법이다. 욕구 카드를 통해 자기 내면을 좀 더 깊이 들여다 볼 수 있도록 고안된 카드이다.

01

도형 비유 대화 (포토 스탠딩, Photo standing)

- "특정 주제에 대한 자기의 생각을 도형 이미지를 통해 말해 봐"
- 핵심 아이디어 : 특정 주제를 비유적으로 표현할 수 있는 도형 카드를 선택하여 이야기한다.
- 진행 단계

① 교사가 특정한 주제를 제시한다.
᳕ 현재 자기 마음의 상태, 요즘 살아가는 나의 생활 모습, 나의 친구나 가족 소개, 민주주의 등 해당 학습 주제

② 모둠에서 도형 카드를 다 펼쳐 놓고 모둠원들이 해당 주제와 맞는 도형 카드를 선택한다.

③ 모둠 안에서 각자가 선택한 도형 카드를 보여주고 그 이유에 대하여 이야기한다.
④ 모둠 안에서 돌아가며 위와 같은 방식으로 이야기한다.

※ 활동 이후 가장 좋은 표현을 한 사람을 동료 평가 방식(하나 둘 셋 활동 등)으로 선택하여 간단하게 보상할 수도 있다.

- 유의사항
  - 학생들이 자유롭게 도형 비유 대화를 할 수 있도록 사전에 분위기를 잘 잡을 수 있어야 한다.
  - 다른 사람을 비유적으로 소개하는 경우, 상대방을 폄하하거나 장난스럽게 이야기하지 않도록 사전에 주의를 주면 좋다.

- TIP
  - 도형 카드가 없는 경우, 플래시보드나 색지에 특정 주제에 대한 이미지를 직접 그리거나 숫자나 단어 등을 기록하는 방식으로 활용할 수 있다. 도형 카드 외 질문 카드의 이미지 카드, 비유 카드 등 다양한 카드를 대체하여 활용할 수 있다.

- 개발자 / 참고 문헌
  - 김현섭 외(2014), 「사회적 기술」, 한국협동학습센터
  - 김현섭, 김성경(2018), 「욕구 코칭」, 수업디자인연구소

02
도형 연상 게임

- "도형 이미지를 보고 자유롭게 연상되는 단어를 기록해 봐"
- 핵심 아이디어 : 도형 이미지를 보고 각자 연상되는 단어를 기록하고 동일한 단어가
  나온 숫자만큼 점수를 부여한다.

- 진행 단계

① 모둠 안에서 한 명이 도형 카드를 무작위로 선택하여 공개한다.
② 도형 이미지를 보고 연상되는 단어 4가지를 플래시보드나 빈 종이에 기록한다.

③ 각자 자기가 쓴 단어를 말한다.

④ 같은 단어를 말한 사람의 숫자만큼 점수로 부여
한다. 같은 단어가 없다면 0점 처리한다.

- 유의사항   - 연상단어를 쓸 때는 다른 사람이 쓰는 내용을 커닝해서는 안 된다.

  - 자기만 독특한 생각을 하면 좋은 점수를 받을 수 없다. 다른 사람과의 공감
    능력을 기를 수 있도록 고안된 활동이다.

- TIP   - 간단한 보드게임인 '너도 나도' 게임을 변형한 활동이다.

- 개발자 / 참고 문헌   - 오정화   - 너도 나도 게임(행복한 바오밥)

03
자기 욕구 말하기

- "자기 욕구를 말해 봐"

- 핵심 아이디어 : 자기 욕구 상태를 알아차리고 말할 수 있도록 한다.

- 진행 단계

① 모든 욕구 카드들을 책상 위에 펼친다.

② 참여자들이 각자 현재 자신에게 잘 채워진 욕구와 잘 채워지지 않거나 필요하다고 느끼는 욕구를 카드 중에서 선택한다.

③ 욕구 카드를 다른 참여자들에게 보여주면서 그 카드를 선택한 이유에 대하여 이야기한다.

- 유의사항

  - 한 사람의 이야기가 마치면 나머지 참여자들이 '아하, 그렇구나'라는 표현을 구조화하여 활용해도 좋다.

- 이 활동을 통해 욕구를 긍정적으로 이해하고 공개적으로 말할 기회를 주는 것이 중요하다. 다른 사람의 이야기를 경청할 수 있도록 지도한다.

- TIP   - 욕구 카드를 가지고 있지 않다면 다음 욕구 목록을 참고하면 좋다.

목표를 이루고 싶어요 (성취)	잘하고 싶어요 (능력)
사랑받고 싶어요 (애정)	성장하고 싶어요 (성장)
이해받고 싶어요 (이해)	확신을 가지고 싶어요 (확신)
사이 좋게 지내고 싶어요 (친밀)	건강하고 싶어요 (건강 관리)
관심가져 주길 바라요 (관심)	재미를 누리고 싶어요 (즐거움)
공감받고 싶어요 (공감)	안전하고 싶어요 (안전)
존중받고 싶어요 (존중)	어딘가에 소속되고 싶어요 (소속)
믿어주길 바래요 (신뢰)	좋은 영향을 끼치고 싶어요 (힘)
꼭 안아주면 좋겠어요 (스킨십)	내가 선택하고 싶어요 (자기 결정)
인정받고 싶어요 (인정)	도움되는 일을 하고 싶어요 (기여, 봉사)
위로받고 싶어요 (격려)	꿈과 희망을 가지고 싶어요 (꿈)
의지하고 싶어요 (의존)	배우고 싶어요 (배움)
나를 표현하고 싶어요 (표현)	새롭게 하고 싶어요 (창의)
기다려주길 바라요 (수용)	영적으로 성장하고 싶어요 (영성)
함께 시간을 보내고 싶어요 (공유)	진리를 깨닫고 싶어요 (구도)
참여하고 싶어요 (참여)	알고 싶어요 (진실, 호기심)
보호받고 싶어요 (보호)	일관성이 있으면 좋겠어요 (일관성)
평등하게 대우해 주길 바라요 (평등)	질서가 있으면 좋겠어요 (질서)
마음과 마음이 연결되고 싶어요 (소통)	의미 있는 일을 하고 싶어요 (가치)
아름다워지고 싶어요 (미)	열정을 가지고 싶어요 (열정)
자유롭고 싶어요 (자유)	끝까지 하고 싶어요 (인내, 성실)
쉬고 싶어요 (쉼, 여유)	예측이 가능하면 좋겠어요 (안정감)
나만의 독특함을 인정받고 싶어요 (개성)	혼자 있고 싶어요 (자기 보호)
내 꿈을 이루고 싶어요 (자아 실현)	자연과 함께 하고 싶어요 (자연)
도전하고 싶어요 (개척)	벗어나고 싶어요 (해방)

- 개발자 / 참고 문헌   - 김현섭, 김성경(2018), 「욕구 코칭」, 수업디자인연구소

04
욕구 추측하기

- "다른 사람의 욕구를 분석하여 추측해 봐"

- 핵심 아이디어 : 자기 이야기 속에 숨겨진 욕구들을 다른 사람이 분석해주는 활동을 통해 자기 욕구 알아차림에 도움을 준다.

- 진행 단계

① 이야기 주인공이 자기의 상태나 상황을 말한다.

② 나머지 학생들이 이야기 속에 숨겨진 욕구라고 생각되는 카드를 골라서 이유를 설명하며 그 카드를 이야기 주인공에게 준다.

③ 이야기 주인공은 다른 학생이 찾아준 욕구 카드를 받고 별다른 반응을 보이지 않는다.

④ 모든 참여자가 이야기를 마친 후, 이야기 주인공이 자기가 받은 카드 중에서 자신의 핵심적인 욕구를 선택하고 그 이유를 말한다.

- 유의사항

  - 사전에 먼저 욕구의 의미와 종류를 이해하고 욕구 추측하기 활동을 하면 좋다.

  - 저학년보다는 고학년 학생들에게 적합한 활동이다.

  - 다른 사람의 이야기를 경청할 수 있도록 지도한다.

- TIP

  - 게임 방식으로 활용하고자 할 때는 이야기 주인공의 핵심 욕구를 분석한 사람에게 점수를 부여하고 가장 높은 점수를 받은 사람에게 상담 왕 칭호를 부여하거나 간단하게 보상할 수 있다.

- 개발자 / 참고 문헌

  - 김현섭, 김성경(2018), 「욕구 코칭」, 수업디자인연구소

05

욕구 스피드 퀴즈 게임

- "욕구 단어를 빨리 맞춰 봐"

- 핵심 아이디어 : 욕구의 의미를 이해하고 표현할 수 있도록 한다. 모둠별 스피드 퀴즈
  방식을 통해 협동성을 기를 수 있도록 한다.

- 진행 단계

  ① 교사가 욕구 카드나 욕구 목록을 활용하여 욕구 퀴즈 문제를 만든다.

  ② 학생들이 모둠으로 구성한다.

③ 모둠 대표 학생이 자리에 앉아 있고, 대표 학생 뒤에서 다른 모둠원이 욕구 카드를 활용하여 제시한다.

④ 나머지 모둠원들이 협력하여 욕구에 대하여 설명한다.

⑤ 모둠 대표가 정답을 알아맞히면 점수를 부여하고 틀리면 통과(패스)를 할 수 있도록 한다.

⑥ 모둠별로 돌아가며 욕구 알아맞히기 게임 활동을 한다.

⑦ 좋은 점수를 얻은 모둠에 간단한 보상을 준다.

- 유의사항
  - 게임 활동 방식으로 진행되기 때문에 재미있지만 퀴즈 진행 시 질서가 무너지지 않도록 지도해야 한다.

- TIP
  - 기존 욕구 카드 중에서 뽑아 놓을 수도 있고, 목록에서 뽑은 욕구 단어를 PPT나 스케치북에 써 놓을 수도 있다.

- 개발자 / 참고 문헌
  - 김현섭 외(2014), 「사회적 기술」, 한국협동학습센터
  - 김현섭, 김성경(2018), 「욕구 코칭」, 수업디자인연구소

5장.
반짝이는 아이디어를 담는 플래시보드 활용법

플래시보드(Flash Board)란 정사각형의 타일형 보드로서 각종 단어를 기록할 수 있는 자석 보드이다. 플래시보드 앞쪽은 찬성(yes), 반대(no), 중립(um) 이미지를 넣어 토론 수업 시 자기 입장을 표현하거나 OX 퀴즈판으로 사용할 수 있도록 하였다. 뒤쪽에는 다양한 단어를 쓸 수 있도록 비어있다. 여기에 보드마커를 활용하여 다양한 단어나 숫자, 이미지 등을 쓸 수 있고, 손쉽게 지울 수 있도록 하였다. 일종의 만년 접착식 메모지(포스트잇, Post-it) 기능을 할 수 있도록 하였다.

플래시보드는 다양한 목적으로 활용될 수 있도록 고안되었다. 원래는 플래시 카드에서 아이디어를 얻어서 다회용 만년 코팅 카드로 개발했는데, 여기에 자석 보드 칠판으로 만들어 접착식 메모지 형태로 활용할 수 있도록 하였다. 교실 칠판에 붙이면 다른 한쪽 면은 활용되기 힘들기 때문에 고민 끝에 토의 토론 수업이나 OX 퀴즈에서 활용할 수 있도록 찬성(Yes), 반대(No), 중립(Umm) 이미지를 넣은 것이다. 작고 예쁘지만 교실 칠판에 잘 붙어서 단어 게임이나 분류하기 활동 등 다용도로 활용할 수 있어서 최근 많은 사람들에게 인기가 많아지고 있다.

01
질문 전시회

- "자유 질문 중 마음에 드는 것을 선택해서 이야기해 봐"
- 핵심 아이디어 : 어떤 주제에 대하여 자유롭게 질문을 기록하고 그 질문들을 전시회처럼 공개하고 나서 질문을 골라 전체 학생들 앞에서 이야기한다.
- 진행 단계

 ① 교사가 학생들에게 1인당 3장의 플래시보드와 보드마커를 배부한다.

② 교사가 특정 주제를 학생들에게 제시한다.
(예)나, 환경 보호, 정의, 사랑 등등

③ 학생들이 각자 자기 플래시보드에 해당 주제에 대한 질문이나 단어를 자유롭게 기록한다.

④ 전체 학생들이 자기가 기록한 플래시보드를 교실 칠판에 붙인다.

⑤ 학생이 한 명씩 나와 자기가 마음에 드는 질문이나 단어를 선택하고 그에 대하여 전체 학생들에게 이야기한다.
⑥ 돌아가며 위와 같은 방식으로 이야기한다.

- 유의사항

  - 플래시보드가 없는 경우, 접착식 메모지(포스트잇)를 대신 활용할 수 있다.

  - 플래시보드를 기록하는 동안, 잔잔한 음악을 배경으로 깔아두는 것도 좋다.

  - 활동 전에 질문의 중요성이나 좋은 질문 방법을 이야기하고 나서 활동하면 더욱 좋다.

  - 감정 게시판으로 활용할 수 있다. 자기 감정 상태를 그림이나 단어로 표시하여 게시하는 것이다.

- TIP

  - 브레인스토밍 방식으로 활용해도 좋다.

  - 새로운 대단원이나 중단원에 들어갈 때 활용해도 좋다.

  - 선택된 질문이나 단어를 기록한 학생에게 간단한 선물을 부여할 수도 있다.

- 개발자 / 참고 문헌

  - 김현섭(2015), 「질문이 살아있는 수업」, 수업디자인연구소

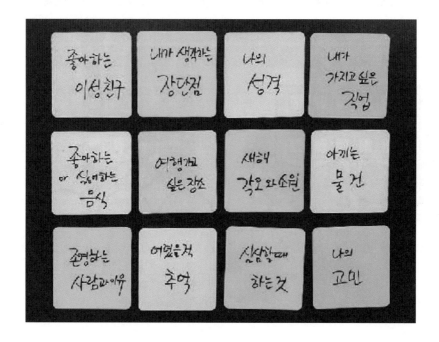

02
분류하기

- "다양한 단어들을 자유롭게 분류해 봐"

- 핵심 아이디어 : 다양한 단어 카드를 만들어서 다양한 기준으로 돌아가며 분류하고 알아맞힌다.

- 진행 단계

① 교사가 모둠별로 플래시보드 세트를 배부한다. 1인당 3~4장의 플래시보드를 배분한다.

② 교사가 특정 주제를 학생들에게 제시한다. (예) 나, 환경 보호, 정의, 사랑 등등

③ 한 학생이 단어가 기록된 플래시보드를 특정 기준을 가지고 분류한다. 이때 분류 기준을 말하지 않는다. (예) 단어 음절 수, 받침이 있는 단어와 없는 단어, 생물과 무생물, 볼 수 있는 것과 볼 수 없는 것 등

④ 나머지 모둠원들이 그 학생이 분류한 기준을 알아맞힌다.

⑤ 다음 순서 학생이 다른 기준으로 단어가 기록된 플래시 보드들을 분류한다. 이때 앞 사람들이 분류한 기준을 동일하게 사용할 수 없다.

⑥ 돌아가며 위와 같은 방식으로 이야기한다.

- 유의사항

  - 플래시보드가 없는 경우, 빈 카드 용지를 대신 활용할 수 있다.

  - 기준을 알아맞힌 학생에게 점수나 선물을 부여할 수 있다.

- TIP

  - 다양한 분류 기준을 생각하고 창의적인 사고를 할 수 있도록 도와줄 수 있다.

  - 모둠 활동으로 하는 경우, 책상 위에 플래시보드를 놓고 사용하지만, 학급 전체 학생들을 대상으로 하는 경우, 플래시보드를 교실 칠판에 붙여놓고 활용할 수 있다.

  - 어떤 이야기의 핵심 단어들을 교사가 학생들에게 제시하고 분류하기 활동을 하고 나서 원래 이야기를 들려줄 수 있다.

- 개발자 / 참고 문헌

  - 케이건(1994), 「협동학습」, 디모데

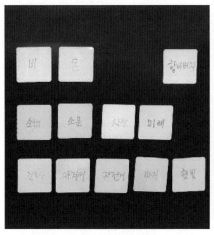 

03

브레인라이팅 (Brainwriting)

- "주제와 관련된 단어를 플래시보드에 적어 봐"

- 핵심 아이디어 : 수업 주제와 관련된 생각이나 느낌을 들으며 학생들의 배경지식을 이해하고 공감대를 형성한다.

- 진행 단계

① 교사가 특정 주제를 제시한다.
  예) '지금 나의 기분을 과일로 표현한다면?', ''독도' 하면 떠오르는 것은?', '우정과 관련된 사자성어는?', '나의 소확행은?' 등

② 학생들은 해당하는 주제에 맞게 플래시보드에 떠오르는 단어를 작성한다.

③ 플래시보드를 교실 칠판에 부착한다.

④ 전체 학생이 칠판에 모두 부착하면 비슷한 단어끼리 분류한다.

⑤ 학생들이 적은 단어들을 보면서 이야기를 시작한다.

- 유의사항

  - 소란스럽지 않도록 지도한다.

  - 잔잔한 음악을 깔아두는 것도 좋다.

  - 교실 맨 뒤에 있는 학생도 볼 수 있도록 글씨를 크게 쓰도록 한다.

- TIP

  - 수업 시작하기 전 학습 목표와 관련하여 동기유발을 위해 사용할 수 있다.

  - 플래시보드에 단어가 아닌 간단한 그림으로 표현해도 좋다.

  - 마인드맵 형태로도 활용할 수 있다.

- 개발자 / 참고 문헌

  - 홀리거(Holiger), 김은희

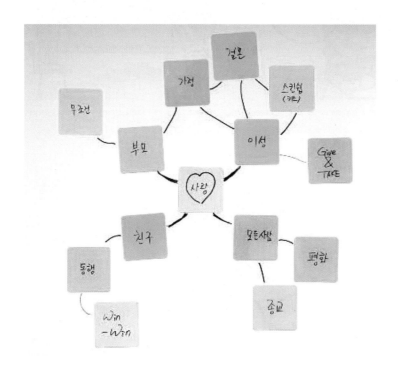

04
PMI(Plus Minus Interest) 활동

- "학습 주제와 관련된 장단점을 분석해 봐."
- 핵심 아이디어 : 수업 주제와 관련된 장단점에 대해 이야기를 나누며 합리적인 의사결정을 내릴 수 있다.
- 진행 단계

① 먼저 교사가 전체 학생들에게 플래시보드를 각각 2장씩 나누어준다.

② 교사가 수업 주제를 제시한다.
　　예 과학의 발달, 인공지능의 도래, 생명공학 기술의 발달, 의료기술의 향상 등

③ 플래시보드 한 장에는 해당 주제에 대한 장점을 기록하고, 다른 한 장에는 단점을 적는다. (예) 인공지능 도래의 장점은 생활이 편리해진다는 것, 단점은 일자리가 줄어들 수 있다는 것이다.

④ 모둠원 모두가 적고 펼쳐 놓으면 모둠 기록이 학생이 이러한 내용을 모둠 칠판에 기록한다.

⑤ 모둠 내에서 이를 토의하여 주제에 대한 모둠 평가나 의견을 정리하여 모둠 칠판에 기록하여 전체 칠판에 붙인다.

- 유의사항

  - 소란스럽지 않도록 지도한다.

  - 잔잔한 음악을 깔아두는 것도 좋다.

  - 같은 의견이 나오면 겹치지 않게 적도록 한다.

- TIP

  - 수업 도입 단계에서 학습 주제에 대한 동기유발을 위해 사용할 수 있다.

  - 합리적 의사결정을 강조할 때 적용할 수 있다.

- 개발자 / 참고 문헌

  - 에드워드 보노, 김은희

05
이야기 만들기

- "단어를 연결하여 이야기를 만들어 봐"

- 핵심 아이디어 : 제시된 주제를 듣고 연상되는 단어를 각자 적어 이야기를 만듦으로써 학습 주제에 대한 관심을 환기시킨다.

- 진행 단계
  ① 교사가 학생 개인당 플래시보드를 4장씩 나눠준다.
  ② 교사는 학생들에게 학습 주제를 제시한다.

③ 학생들이 주제를 듣고 생각나는 단어를 플래시보드당 한 단어씩 적는다.

④ 모둠 안에서 각자가 작성한 플래시보드를 모두 펼쳐 놓는다.

⑤ 모둠 안에서 펼쳐진 플래시보드에 있는 단어를 활용하여 돌아가며 학습 주제와 관련된 이야기를 만든다.

⑥ 전지나 모둠 칠판에 모둠에서 만든 이야기를 적어 칠판에 부착하여 전체 공유한다.

- 유의사항

  - 모둠별로 만든 이야기가 학습 주제에 지나치게 벗어나지 않도록 지도한다.

  - 가장 멋진 이야기가 만들어진 모둠을 투표를 통해 선정하여 모둠 보상을 실시할 수 있다.

- 개발자 / 참고 문헌

  - 오정화, 김은희

  - 김현섭 외(2012), 「협동학습1」, 한국협동학습센터

06

비주얼싱킹(Visual Thinking)

- "그림으로 자기 생각을 표현해 봐"

- 핵심 아이디어 : 학습 주제를 그림이나 이미지로 자기 생각을 창의적으로 표현할 수 있다.

- 진행 단계

① 교사가 학생 개인당 플래시보드를 4개씩 나눠준다.

② 교사는 학생들에게 학습 주제를 제시한다.

③ 학생들이 주제를 듣고 생각나는 이미지나 그림을 플래시보드에 그린다.

④ 모둠 안에서 플래시보드를 보여주면서 그 이유에 대하여 이야기한다.

⑤ 가장 좋은 작품을 한 가지 선택하여 모둠 대표로 교실 칠판에 붙여 전시회를 한다.

- 유의사항
  - 비주얼싱킹은 그림 자체를 잘 그리는 것이 핵심이 아니라 주제를 창의적으로 잘 표현하는 것이 중요하다. 그러므로 활동 전에 표현 아이디어에 초점을 두어 그릴 수 있도록 이야기한다.
  - 전시회 활동 이후 전체 투표를 통해 선정하여 모둠 보상을 실시할 수 있다. 이 경우, 자기 모둠을 제외하고 투표할 수 있도록 한다.

- TIP
  - 대표 작품이 아니라 모둠 학생의 작품을 교실 칠판에 모둠별로 모아서 붙여놓을 수 있다.
  - 그림 퀴즈 형태로 만들어 퀴즈 게임으로 연결할 수 있다.

- 개발자 / 참고 문헌
  - 김해동

07

가치 줄 세우기(Line-up)

- "주제와 관련된 가치를 각각 적고 질문에 따라 우선순위 가치를 나열해 봐"
- 핵심 아이디어 : 각자 생각하는 가치와 그 가치의 우선순위는 서로 다름을 알고 서로의 가치를 이해한다.
- 진행 단계

  ① 교사가 학생들에게 개인당 4장씩 플래시보드를 배부한다.

② 교사는 학생들에게 4가지 주제를 제시한다.

③ 주제에 맞게 자신이 생각하는 가치를 플래시 보드당 1개씩 적는다.

④ 작성이 끝나면 보이지 않게 플래시보드를 뒤집어 두고 말하는 순서를 정한다.

⑤ 첫 번째 순서의 사람이 임의로 플래시보드 4개를 선택한다.

⑥ 교사의 질문에 따라 선택한 단어들의 우선순위를 각각의 보드 뒷면에 1부터 4까지 숫자로 표시한다.

⑦ 다시 단어가 보이도록 플래시보드를 한 줄로 나열한다.

⑧ 모둠원은 4개의 단어 중 첫 번째 사람이 가장 우선으로 생각하는 가치를 하나 선택한다.

⑨ 첫 번째 사람이 자신의 우선순위 순서를 공개하며 설명한다.

⑩ 말하기 순서에 따라 다음 사람도 같은 순서로 신행한다.

- 유의사항

  - ⑥단계 활동 시 우선순위를 숫자로 표시할 때 모둠원이 보지 않도록 주의한다.

  - ⑧단계 활동 시 지우개 등 각자의 소지품을 활용하면 좋다.

  - 우선순위를 맞힌 모둠원에게 보상하면 좋다.

- TIP

  - 말하는 사람의 우선순위를 먼저 숫자로 표시하는 것은 임의로 자신의 순위를 변경하지 않게 하기 위해서이다.

  - 우선순위 맞히기를 할 때 학생들의 호응을 높이기 위해 두 개씩 선택하게 하거나 1 에서 4까지 숫자를 표시한 카드를 직접 만들어 전체 우선순위를 나열하게 해도 좋다.

- 주제 예시 : 나에게 필요한 것, 소중한 것, 갖고 싶은 능력, 사고 싶은 것, 먹고 싶은 것 등

- 질문 예시 : 나에게 필요 없는 순서대로 나열하고 이야기하세요.

       나에게 중요한 순서대로 나열하고 이야기하세요.

       내가 많이 경험한 순서대로 나열하고 이야기하세요.

       우리 반에 필요한 순서대로 나열하고 이야기하세요.

● 개발자 / 참고 문헌

  - 오정화

  - 케이건(1994), 「협동학습」, 디모데

08

캐릭터 가치 결정

- "주어진 역할 입장에서 초코파이가 필요한 이유를 말하고 누가 초코파이를 먹어야 할지 결정해 봐"

- 핵심 아이디어 : 여러 상황의 사람들 입장에서 생각해보고 가장 초코파이가 가장 필요한 사람이 누구인지 판단함으로써 도덕적 사고력을 증진한다.

- 진행 단계
  ① 교사가 모둠원 수만큼 역할 카드와 플래시보드를 나눠준다. 이때 역할 카드가 보이지 않게 뒤집어 둔다.
  역할 카드 예 저혈당으로 쓰러지기 직전인 대학생, 한 달 동안 군대에서 훈련받은 훈련병, 초코파이를 먹고 싶은 임산부, 처음으로 초코파이를 접한 외국인(북한이탈주민), 하루 종일 굶은 중학생 등

② 모둠원은 1장씩 선택하고 다른 모둠원이 보이지 않게 자신의 역할을 확인한다.
③ 교사가 초코파이 2개를 모둠에 나눠준다.

④ 모둠원은 자신이 선택한 역할의 입장이 되어 초코파이를 꼭 먹어야 하는 상황이며 초코파이가 왜 필요한지에 대해 플래시보드에 적는다.

⑤ 각자 1분간 순서대로 돌아가며 자신에게 초코 파이를 왜 필요한지 모둠원에게 설득력 있게 이야기한다.

⑥ 이야기가 마치면 플래시보드에 누가 초코파이 가 가장 필요한지를 기록한다.

⑦ 가장 많은 수가 나온 2명이 초코파이를 각자 1개씩 가진다.

⑧ 각 모둠별로 어떤 사람이 초코파이를 가졌는 지 그 이유와 함께 발표하는 시간을 갖는다.

- 유의사항

  - 초코파이 대신 사탕이나 과자로 대체할 수 있다.

  - ③단계 활동 시 5인 모둠일 경우 3개씩 주는 것이 좋다.

- TIP

  - 시간이 넉넉할 경우 모든 활동 후 초코파이를 가지지 못한 2명에게 반론 시간을 줄 수 있다. 반론 시간을 가질 경우 순서는 다음과 같다.

① 초코파이를 가지지 못한 2명은 각자 자신의 보드에 반론하고 싶은 사람을 쓴다.

② 반론순서를 정하고 순서에 따라 초코파이를 가진 2명 중 한 명을 선택해 내가 더 초코파이가 필요한 이유를 1분간 말한다.

③ 이야기가 끝난 후 모둠원은 플래시보드에 그 의견에 동의하면 O표시, 동의하지 않으면 X표시를 하고 하나둘셋 신호와 함께 내놓는다.

④ 모두의 동의를 받으면 초코파이를 가져갈 수 있다.

⑤ 초코파이를 뺏겼을 경우, 바로 재반론할 수 있고 이후 규칙은 동일하다.

- 개발자 / 참고 문헌
  - 오정화

09
이야기 빙고 게임

- "주제와 관련하여 각자 단어를 적고 이야기를 나눈 후 그 단어를 활용하여 모둠 빙고 게임을 해 봐"

- 핵심 아이디어 : 이야기를 나누며 빙고 게임을 하는 과정을 통해 서로의 생각을 알고 친밀해진다.

- 진행 단계
  ① 교사가 플래시보드를 학생 개인당 4장씩 나눠준다.
  ② 교사는 주제를 제시한다. 예 방학, 좋아하는 음식 등

③ 주제를 듣고 연상되는 단어 4개를 플래시보드에 각각 적는다.
④ 가운데 펼쳐 놓고 모둠원과 이야기 나눈다.
⑤ 중복되는 단어는 다른 단어로 변경한다.

⑥ 4×4 형태로 플래시보드를 펼친다.

⑦ 각 모둠별로 돌아가며 한 명씩 한 단어를 외
친다.

⑧ 해당 단어가 있을 경우 플래시 보드를 뒤집어
맞힌 표시를 한다.

⑨ 빙고 4개 나오면 "빙고"라고 외치고 게임이 끝
나면 빙고를 외친 모둠이 우승팀이 된다.

- 유의사항

  - 만약 빙고가 나오지 않을 경우 가장 많이 맞힌 팀이 우승한다.

- TIP

  - ③단계 활동 시 분류하기를 할 수 있다. 이때 분류하기를 통해 주제와 관련한 학급
    전체의 생각을 엿볼 수 있다.

  - ④단계 활동 이후 각자 단어 1개를 선택해서 가운데 펼쳐 놓고 돌아가며 해당 단어를
    넣어 이야기를 만들기를 할 수도 있다.

- 개발자 / 참고 문헌

  - 오정화

10

퀴즈 윷놀이

- "퀴즈 게임을 윷놀이 방식으로 풀어 봐"

- 핵심 아이디어 : 퀴즈 게임을 윷놀이 방식으로 모둠별로 복습 활동을 한다.

- 진행 단계

  ① 교사가 모둠별로 플래시보드 21장을 배부한다.

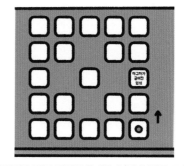

② 모둠별로 플래시보드에 퀴즈 문제 21개를 출제한다. 앞쪽에는 정답, 뒤쪽에는 퀴즈 문제를 기록한디.

③ 모둠별 퀴즈 문제들을 윷놀이판 형태로 교실 칠판에 붙인다.

④ 3~4팀을 한 라운드로 엮어서 모둠별 퀴즈 게임을 한다.

⑤ 주사위나 선택돌림판을 돌려서 해당 숫자만큼 이동하여 해당 플래시보드에 나온 퀴즈 문제를 푼다. 정답을 맞히면 그 위에 자기 모둠의 말을 올려놓는다. 퀴즈 문제의 정답을 풀지 못하면 자기 모둠의 말을 이동할 수 없다.

⑥ 출발점으로 먼저 자기 말을 이동한 모둠이 승리한다.

- 유의사항
  - 한번 사용한 퀴즈 문제는 재사용이 가능하다. 플래시보드 정답을 확인한 후 다시 원래 문제가 보이는 상태로 플래시보드를 붙인다.
  - 퀴즈 게임이 너무 과열되지 않도록 한다.
  - 자기 모둠이 출제한 퀴즈 문제는 풀 수 없다.

- TIP
  - 말은 자석 쿠폰을 활용하면 좋다. 1개가 아니라 여러 개의 말을 사용할 수 있다.
  - 개인별 활동인 경우, 자기 모둠의 플래시보드를 다른 모둠과 교환하여 개인별로 퀴즈 윷놀이 활동으로 진행할 수 있다.
  - 난이도를 높이고자 할 때는 한 번 사용한 플래시보드를 버리고 다른 모둠이 만든 플래시보드로 그 칸을 대신 채워나갈 수 있다.

- 개발자 / 참고 문헌
  - 김현섭 외(2012), 「협동학습2」, 한국협동학습센터
  - 김현섭(2017), 「철학이 살아있는 수업 기술」, 수업디자인연구소

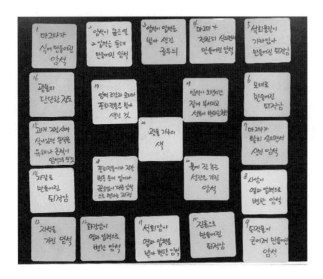

11
4단계 OX 퀴즈

- "퀴즈 게임을 4단계에 걸쳐 OX 퀴즈 게임 형태로 풀어 봐"
- 핵심 아이디어 : 복습 활동 시 교사가 OX 퀴즈 문제를 내면 학생들이 퀴즈 문제를 풀어갈 수 있도록 한다.
- 진행 단계

① 교사가 학생들에게 플래시보드 2장(YES판 1장, NO판 1장)씩 배부한다.

② 교사가 학습 내용을 토대로 4단계 OX 퀴즈를 출제한다.

③ 학생들은 개인별로 정답이면 YES판을, 오답이면 NO판을 든다.

④ 정답자는 살아남아 다음 단계 퀴즈 문제를 풀 수 있도록 하고, 오답자는 탈락 처리된다.

⑤ 5단계 퀴즈 문제를 모두 정답을 맞힌 학생에게 간단한 보상을 한다.

- 유의사항
  - 부정행위를 하지 않도록 주의를 준다.
  - 퀴즈 게임이 너무 과열되지 않도록 한다.

- TIP
  - 전체 학급 구성원 숫자가 많은 경우, 모둠별로 대표 학생을 무작위로 선택하여 퀴즈 게임을 운영할 수 있다.(번호별 퀴즈)
  - 모둠 단위로 모든 문제를 맞힌 학생들의 숫자를 모둠 점수로 부여하여 모둠 대항 퀴즈 게임 형태로 변형할 수 있다.

- 개발자 / 참고 문헌
  - 김현섭 외(2012), 「협동학습1」, 한국협동학습센터

O, X 사다리 퀴즈

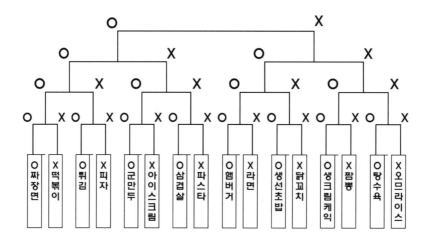

12

가위바위보 퀴즈 플래시

- "가위바위보 퀴즈 게임을 통해 학습 내용을 익혀 봐"

- 핵심 아이디어 : 학습 내용을 가위바위보 퀴즈 게임을 통해 익힐 수 있다.

- 진행 단계

① 학습단원(관련 주제)의 퀴즈 문제와 정답을 플래시보드에 기록한다.

② 교사의 신호에 따라 자유롭게 돌아다니며 만나는 친구와 가위바위보 게임을 한다.

③ 가위바위보에서 진 사람은 자기 문제를 내고, 이긴 사람은 정답을 말한다.

④ 이긴 사람이 정답을 맞히면 문제 카드를 받는다. 만약 정답을 맞히지 못했을 경우, 상대방에게 정답을 알려준다.

⑤ 서로 인사한 후 헤어지고 다른 학생을 만나 다시 가위바위보를 하고 ③단계와 ④단계를 반복한다.

⑥ 제한 시간이 지난 후 교사의 신호에 따라 자기 자리로 돌아온다.

⑦ 자기가 모은 플래시보드 개수에 따라 점수가 되거나 보상한다.

- 유의사항
  - ③단계에서 한 번 만날 때마다 한 문제씩만 내도록 한다. 가위바위보 게임에서 비긴 경우, 다시 가위바위보를 한다. 가위바위보 게임에서 이길 경우에만 정답을 맞힐 기회가 있다.

- TIP
  - 가위바위보 활동 시 한 번에 문제를 한 개만 풀 수 있되, 정답을 맞힌 경우 1번 더 문제를 맞힐 기회를 줄 수도 있다. 시작 전 미리 정해진 룰에 대해 정확히 인지하고 활동을 시작할 수 있도록 한다.
  - 그림자 퀴즈로 연결해도 좋다. 그림자 퀴즈란 퀴즈 활동에서 진 학생이 이긴 학생 뒤쪽에 그림자처럼 붙어서 함께 이동하면서 가위바위보 퀴즈 플래시 활동을 하는 것이다.

- 개발자 / 참고 문헌
  - 오정화

6장.
내 생각을 다양하게 표현하는
개인 칠판(마이보드) 활용법

　마이보드(My Board)란 직사각형의 자석 보드로서 문장을 기록할 수 있는 개인 칠판이다. 플래시보드는 단어나 길이가 짧은 문장을 쓸 수 있다면, 마이보드는 좀 더 긴 문장들을 쓸 수 있어서 도전 골든벨 퀴즈 활동 등 모둠 칠판 용도로 활용할 수 있다.

　기본적으로 마이보드는 개인 학습 활동을 기록할 수 있는 보드로 활용될 수 있도록 고안되었다. 원래 모둠 칠판에서 아이디어를 얻어서 모둠 칠판의 크기를 줄인 것이다. 개인 학습 활동은 개인 노트에 기록하는 경우가 대부분이지만 개인 학습 활동을 피드백하려고 할 때 노트를 사용하기 쉽지 않지만, 마이보드를 활용하면 개별적인 피드백 활동이 가능해진다.

01

비유 대화(포토 스탠딩)

- "특정 주제를 그림으로 표현하여 이야기해 봐"
- 핵심 아이디어 : 어떤 주제를 그림으로 표현하여 그 이유를 돌아가며 발표할 수 있도록 한다.
- 진행 단계

  ① 교사가 학생들에게 마이보드 1장씩 배부한다.

② 교사가 특정 주제를 제시한다.
　예 자기 자신의 상태, 가을, 평화, 환경 등

③ 학생들은 특정 주제를 자유롭게 그림으로 표현한다.

④ 모둠이나 학급 전체 구성원들 앞에서 그림을 보여주고 그 이유를 말한다.
⑤ 돌아가며 위와 같은 방식으로 이야기한다.

- 유의사항

    - 그림 자체를 잘 그릴 필요는 없다. 주제에 대한 창의적인 표현 방식이 더 중요하다.

- TIP

    - 모둠 안에서 비유 대화를 할 때는 플래시보드를 사용하면 좋고, 학급 전체에서 비유
      대화를 할 때는 마이보드를 활용하면 좋다.
    - 그림 대신 단어나 숫자 등을 활용할 수 있다.

- 개발자 / 참고 문헌

    - 김현섭 외(2012), 「협동학습1」, 한국협동학습센터

02

우리 반 골든벨

- "각자 문제를 출제하여 마이보드에 문제와 정답을 기록해서 도전 골든벨 방식으로 퀴즈 문제를 풀어봐"

- 핵심 아이디어 : 학습한 내용을 골든벨 퀴즈 게임 형태로 복습할 수 있다.

- 진행 단계

  ① 교사가 전체 학생들에게 마이보드 2장을 배부한다.

② 학생들은 학습단원 내용 중 퀴즈 문제를 출제하여 마이보드 1장에 기록한다. 앞쪽에는 출제자와 퀴즈 문제를 쓰고, 뒤쪽에는 정답을 기록한다.

③ 퀴즈 문제와 출제자 이름이 보이도록 교실 칠판에 붙여놓는다.

④ 교사가 무작위로 퀴즈 문제를 선택하여 퀴즈 문제를 읽는다.

⑤ 모든 학생이 퀴즈 문제의 정답을 나머지 1장
의 마이보드에 기록하여 동시에 기록한 내용
을 보여준다.

⑥ 교사가 마이보드 뒷부분을 펼쳐 보이면서 정
답을 알려준다.
⑦ 정답을 알아맞힌 학생은 계속해서 다음 단계
문제를 풀 수 있는 기회가 주어지고, 틀린 학생
은 탈락한다.
⑧ 모든 문제를 다 푼 학생이 퀴즈 게임에서 최종
승자가 된다.

- 유의사항

  - 중복된 퀴즈 문제가 나와도 그대로 퀴즈 게임을 진행할 수 있다. 왜냐하면 복습
    활동으로 활용할 수 있기 때문이다.

  - 교사가 퀴즈 정답을 확인하면서 부연 설명을 하여 학습 효과를 높일 수 있다. 부연
    설명 시 소란스럽지 않도록 주의를 주면 좋다.

- TIP

  - 중간에 패자부활전을 통해 탈락한 학생들이 퀴즈 문제를 풀 수 있는 기회를 주면
    좋다.

  - 모둠 단위로 해서 자기 모둠에서 끝까지 살아남은 학생 수를 기준으로 모둠 점수를
    부여할 수 있다.

- 개발자 / 참고 문헌

  - 김현섭, 김은희

  - KBS 도전 골든벨 프로그램

03
하얀 거짓말 찾기

- "진실 중 숨겨진 하얀 거짓말을 찾아 봐"
- 핵심 아이디어 : 진실 2가지와 거짓말 1가지 문장을 만들어 그중에 거짓말을 찾아내어
  기초 지식과 이해를 돕는다.
- 진행 단계

① 진실 같은 거짓말 1가지와 거짓말 같은 진실 2가지를 마이보드에 기록한다.

   예 1. 나는 혈액형이 B형이다.

      2. 나는 초등학교 때 연애를 하다가 상대방에게 차인 적이 있다.

      3. 나는 한 번도 학원에 다녀본 적이 없다.

② 모둠 안에서 돌아가면 문제를 내면 나머지 모둠원들이 정답을 맞힌다. 자기가 생각하는 정답 번호를 손가락으로 표시할 수 있다.

③ 출제 학생이 정답을 말하고 그 이유에 대해 이야기한다.

④ 돌아가며 위와 같은 방식으로 하얀 거짓말 찾기 활동을 한다.

- 유의사항　　　 – 애매한 정답이 나오지 않도록 문제 출제를 해야 한다.

- TIP

  – 모둠 하얀 거짓말 찾기 활동으로 변형하여 활용할 수 있다.

  [모둠 하얀 거짓말 찾기]

  ① 모둠원이 각자 자기에 대한 사실을 한 문장을 기록한다. 모둠원 중 한 명만 거짓말을 쓰고, 나머지는 진실을 쓴다.

  ② 교실 앞쪽에 나와 번호별로 순서대로 마이보드를 펼치고 소리를 내어 문제를 출제한다.

  ③ 나머지 모둠에서 모둠원들끼리 상의하여 정답을 기록하여 동시에 보여준다.

  ④ 출제 모둠에서 정답을 말하고 그 이유에 대하여 이야기한다.

  ⑤ 다른 모둠도 위와 같은 방식으로 활동을 이어간다.

  – 자기소개 외에 학습 내용을 복습하는 것으로 활용할 수 있다. 이 경우, 학습 내용 중에서 퀴즈 문제를 내고 선다형 객관식 문제 형태로 풀어간다.

- 개발자 / 참고 문헌

  – 김현섭

  – 케이건(1994), 「협동학습」, 디모데

04

문장 만들기(모둠 문장 만들기)

- "문장 중 빈칸에 알맞은 단어를 (모둠별로) 기록해 봐"

- 핵심 아이디어 : 문장 중 빈칸에 알맞은 단어와 그 이유를 기록함으로써 해당 주제를 자기 생각으로 재해석하여 표현할 수 있도록 한다.

- 진행 단계

① 교사가 빈 문장을 제시한다.
　예) 사랑이란 (　　　)이다.
　　　왜냐하면 (　　　　)이기 때문이다.

② 학생들이 마이보드에 빈 문장에 알맞은 단어와 그 이유를 기록한다.
　예) 사랑이란 우산이다. 상대방이 힘들 때 빗물을 막아주는 역할을 할 수 있기 때문이다.

③ 학생들이 만든 문장 내용이 담긴 마이보드를 교실에 부착한다.

④ 교사가 피드백하거나 좋은 문장을 쓴 학생을 선택하여 그 이유를 전체 학생들 앞에서 발표할 수 있도록 한다.

- 유의사항

  - 먼저 교사가 시범 문장을 보여주고 활동을 하면 좋다.

- TIP

  - 모둠 문장 만들기 활동으로 변형하여 활용할 수 있다.

  [모둠 문장 만들기]

  ① 개별적으로 빈 문장에 알맞은 단어와 그 이유를 기록한다.

  ② 모둠 안에서 개별 문장들을 돌아가며 발표한다.

  ③ 모둠원들이 상의하여 가장 마음에 드는 단어 두 가지를 선택하여 조합하여 모둠 문장을 만든다.

     예 사랑은 '우산'이다. 사랑은 '수레'이다. ⇒ 사랑은 '우산을 담은 수레'이다. 왜냐하면…

  ④ 모둠 문장을 교실 칠판에 붙인다.

  ⑤ 모둠 대표가 학급 전체 학생들에게 모둠 문장의 의미와 이유를 발표한다.

  - 이 경우, 좋은 의미를 담은 모둠 의견을 교사가 피드백할 수 있다.

- 개발자 / 참고 문헌

  - 케이건(1994), 「협동학습」, 디모데

05

모둠 시(詩) 만들기

- "어떤 주제에 대하여 개인적으로 마이보드에 기록한 후 짝 활동과 모둠 활동을 통해 모둠 시를 함께 만들어봐"
- 핵심 아이디어 : 단원 마무리 활동이나 시 쓰기 활동에서 학생들이 직접 학습단원에서 공부한 내용을 모둠 시(詩)로 만들어 작품으로 승화시킨다.
- 진행 단계

  ① 교사가 학습 주제나 질문을 제시한다. 예 사랑과 자전거의 공통점은?

② 학생들이 마이보드에 학습 주제에 대한 아이디어나 질문에 대한 답변을 자유롭게 기록한다.

③ 모둠원들이 모여 각자 아이디어들을 이야기하여 나눈다.

④ 이러한 아이디어들을 모아 모둠 시를 만들어 모둠 칠판에 기록한다.

⑤ 모둠 칠판을 교실에 붙이고, 전체 학생들 앞에서 발표한다.(칠판 나누기 활동)

- 유의사항
  - 다양한 아이디어가 많이 나올 수 있도록 지도한다. 브레인스토밍 활동을 할 때는 평가하지 않고 생각나는 대로 기록하도록 하면 좋다.
  - 개별 및 모둠 아이디어 활동 시 가장 많은 아이디어를 낸 개인이나 모둠에 간단한 보상을 실시하면 많은 아 이디어를 내는 데 도움이 될 수 있다.

- TIP
  - 모둠 칠판을 모둠별로 1~2장씩 배부하여 함께 활용하면 좋다. 모둠 칠판이 없는 경우, 전지나 이젤 패드 등을 활용하면 좋다.

- 개발자 / 참고 문헌
  - 케이건(1994), 「협동학습」, 디모데
  - 김현섭 외(2012), 「협동학습1」, 한국협동학습센터

7장.
꽃다발 효과를 누리는
모둠칠판(Team Board) 활용법

모둠칠판(Team Board)이란 모둠 활동의 결과물을 기록할 수 있는 500×400 크기 정도의 직사각형 자석 보드이다. 모둠칠판에는 모둠 토의 내용을 기록하거나 문제 풀이 등 다양한 모둠 활동 결과를 기록하여 교실 칠판에 붙여서 전체 학생들에게 발표 자료로 활용할 수 있다.

처음 모둠칠판을 개발할 때 시중에 나와 있는 코팅 장판을 잘라서 만들었는데, 장판 특성상 휘어질 수 있어서 사용하기가 조금 불편했다. 그러다가 일본 학교의 어떤 선생님 수업을 참관할 기회가 있었는데, 흰색 아크릴판 뒤에 자석을 붙여서 사용하는 것을 보고 아이디어를 얻어서 아크릴 모둠 칠판을 만들었다. 이후 좀 더 가벼운 재질의 모둠 칠판을 궁리하여 폼 재질에 특수 코팅하여 모둠 칠판을 만들었다. 이후 마이보드에 비해 부피가 큰 단점을 줄이기 위해 모둠 칠판을 반으로 접어서 보관하기 쉬운 폴딩 보드(Folding Board) 형태로 만들어 보급하였다.

01
생각-짝-나누기

- "어떤 주제에 대하여 개인적으로 생각하고 짝 활동과 모둠 활동을 통해 발표해 봐"

- 핵심 아이디어 : 모둠 토의한 내용을 전체 학급 구성원들과 공유한다.

- 진행 단계

① 교사가 토의 주제나 질문을 제시한다.
　　예 지속 가능한 발전을 위해 학생으로서 할 수 있는 것

② 학생들이 토의 주제나 질문에 대하여 마이보드나 학습지에 답변을 자유롭게 기록한다.

③ 모둠원들이 돌아가며 이야기한다. 이때, 기록이 학생을 정해 모둠 의견을 모둠 칠판에 기록한다.

④ 기록이 학생이 전체 학생들 앞에서 모둠 의견을 발표한다.

- 유의사항
  - 모둠 토의 시 모둠원 개별 학생에게 개인별 역할을 부여하면 좋다. 이끔이(사회자), 칭찬이(격려자), 기록이(발표자), 지킴이(시간 관리자) 역할 등을 줄 수 있다.
  - 제한 시간 안에 모둠 토의가 잘 이루어지도록 지도하면 좋다.

- TIP
  - 생각-짝-나누기 활동 후 칠판 나누기 활동을 연결하면 좋다.

- 개발자 / 참고 문헌
  - 케이건(1994), 「협동학습」, 디모데
  - 김현섭 외(2012), 「협동학습1」, 한국협동학습센터

02
칠판 나누기

- "모둠 활동 내용이나 의견을 모둠 칠판에 기록하여 교실 칠판에 붙여서 발표해 봐"
- 핵심 아이디어 : 모둠 활동 내용이나 의견을 모둠 칠판에 기록하여 교실 칠판에 붙여서 발표하고 교사가 이에 대하여 피드백할 수 있다.
- 진행 단계

① 교사가 모둠 활동이나 토의 주제를 제시한다.
〔예〕 우리 동네에서 대표할 만한 명물을 정해 다른 사람들에게 소개한다면?

② 모둠별로 모둠 활동을 하거나 토의 주제에 대하여 이야기한다. 이때 기록이 학생이 모둠 칠판에 그 내용을 기록한다.

③ 기록이 학생이 교실 칠판에 모둠 칠판을 붙이고 발표한다.

④ 교사가 모둠 발표 내용에 대하여 피드백 활동을 한다.

- 유의사항

  - 모둠 의견이 비슷한 경우, 모든 모둠을 발표하는 것보다 희망하는 모둠이나 발표 내용이 충실한 모둠을 대표로 발표할 수 있다.

  - 칠판 나누기 활동의 장점은 모든 모둠의 활동 결과물을 동시다발적으로 볼 수 있고, 이를 비교하여 간단하게 피드백을 할 수 있다는 것이다. 그러므로 모든 모둠 활동 결과를 순차적으로 발표할 필요는 없다.

  - 모둠 활동이 다 마치지 않았더라도 활동 시간이 마쳤으면 활동한 만큼만 기록하여 발표할 수 있도록 한다.

- TIP

  - 모둠별 활동 결과물을 사진으로 찍어서 포트폴리오로 정리해 놓으면 나중에 생활기록부 등에 기록하기가 좋다.

- 개발자 / 참고 문헌

  - 케이건(1994), 「협동학습」, 디모데
  - 김현섭 외(2012), 「협동학습1」, 한국협동학습센터

03
하나 가고 셋 남기 (셋 가고 하나 남기)

- "모둠 토의 내용을 다른 모둠으로 이동하여 발표해 봐"
- 핵심 아이디어 : 모둠 토의나 활동 내용을 대표 학생이 다른 모둠으로 이동하여 발표하도록 하여 누구나 손쉽게 발표와 피드백을 할 수 있도록 한다.
- 진행 단계

① 교사가 모둠 활동이나 토의 주제를 제시한다. 예 만약 화산이나 지진이 일어날 경우, 어떻게 대응해야 할까?

② 모둠별로 모둠 활동이나 토의 활동을 한다. 이때 기록이 학생이 모둠 활동 내용을 모둠 칠판에 기록한다.

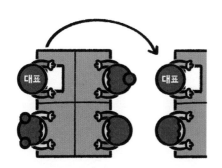

③ 모둠 대표 학생을 정해 다른 모둠으로 모둠 칠판을 가지고 이동하여 우리 모둠 활동 결과를 발표한다. 이때, 다른 모둠원들이 피드백을 하면 모둠 대표 학생이 모둠 칠판에 내용을 추가로 기록한다.

④ 모둠 대표 학생이 다른 모둠으로 이동하여 발표하고 피드백 활동을 한다.

- 유의사항
  - 하나 가고 셋 남기 활동은 발표자가 다른 모둠으로 이동하는 방식이라면 셋 가고 하나 남기 활동은 발표자는 자기 모둠 자리에 고정되어 있고, 나머지 학생들이 다른 모둠 자리로 이동하여 모둠 의견을 공유하는 방식이다. 활동 결과물을 가지고 이동하기 쉽지 않을 때 셋 가고 하나 남기 활동을 하면 좋다.
  - 전체 학생들 앞에서 모둠 대표 학생이 발표하는 것보다 모둠을 대상으로 발표하면 1:3구조로 발표 활동이 이루어지기 때문에 발표와 피드백 활동이 더욱 손쉽게 이루어질 수 있다. 다만 교사가 제한 시간 동안 모둠 발표가 잘 이루어질 수 있도록 시간 관리 및 공간 이동을 할 수 있도록 지도하는 것이 필요하다.

- TIP
  - 모둠별로 서로 다른 학습 주제를 제시하여 이 활동을 하면 다양한 의견을 짧은 시간 안에 나눌 수 있어서 좋다.

- 개발자 / 참고 문헌
  - 케이건(1994), 「협동학습」, 디모데
  - 김현섭 외(2012), 「협동학습1」, 한국협동학습센터

04

전시장 관람

- "주제에 대하여 모둠 활동 내용을 전시장처럼 게시하고 모둠 대표 학생이 발표해 봐"

- 핵심 아이디어 : 학습 주제에 대하여 모둠 활동 후 그 결과물을 모둠 칠판에 기록하여
  전시장처럼 게시하고 다른 모둠원들에게 발표한다.

- 진행 단계

  ① 교사가 학습 주제나 모둠 활동을 제시한다. 〔예〕계절별 특징, 나라별 문화 특징 등

② 모둠별로 해당 학습 주제에 대하여 이야기한
다. 이때 기록이 학생이 모둠 활동 내용을 모둠 칠
판에 기록한다.

③ 모둠 활동 내용이 기록된 모둠 칠판을 교실 주
변에 게시한다.

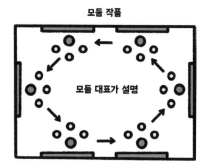

④ 모둠 대표 학생(기록이)이 모둠 칠판 앞에 서서 다른 모둠원들에게 자기 모둠 활동 내용에 대하여
설명한다. 나머지 모둠원들은 다른 모둠 칠판으로 다가가 발표 내용을 듣고 질문을 한다.

⑤ 교사가 학습 주제와 발표 활동에 대하여 피드백한다.

- 유의사항
  - 모둠별 모둠 칠판 위치를 어느 정도 거리를 두어 전체 학생들이 이동하기 쉽게 만들고, 다른 모둠 발표 소리가 다른 모둠 활동 시 방해가 되지 않도록 한다.
  - 모둠 발표 내용 중 가장 인상적이거나 좋은 내용을 모둠별로 선정하여 해당 모둠 칠판에 별 표시 등을 하여 동료 평가를 실시할 수 있다.
  - 교사도 학생처럼 모둠 칠판 쪽으로 이동하여 발표 활동에 참여한다. 질서 정연하게 학생들이 활동할 수 있도록 관리한다.

- TIP
  - 모둠 칠판이 없는 경우, 모둠 칠판 대신 전지나 이젤 패드 등을 활용하면 좋다.

- 개발자 / 참고 문헌
  - 케이건(1994), 「협동학습」, 디모데
  - 김현섭 외(2012), 「협동학습1」, 한국협동학습센터

8장.
생각을 열고 배움을 확인하는
질문게시판 활용법

　　질문게시판(Q-Board)이란 수업 시간에 학습 주제에 대한 학생들의 질문들이나 배움 상태를 확인할 수 있는 다용도 게시판(600×900 사이즈)이다. 앞면은 학급 질문 게시판, 뒷면은 모둠 질문게시판으로 구성되어 있다. 특수코팅 자석보드판으로 보드마커로 자유롭게 쓰고 지울 수 있고, 폴딩보드 형태로 접어서 이동하기 쉽다. 또한 접착식 메모지(포스트 잇)를 붙일 수 있어서 상황에 맞게 활용할 수 있다.

　　질문게시판은 하브루타 수업이나 학급 운영 시 민주적 의사소통의 공간으로 활용할 수 있다. 질문게시판은 학급 질문 게시판, 모둠 질문게시판, 배움알림판, 칭찬 주인공 코너 등으로 활용할 수 있다. 학급질문게시판(앞면)은 학습 주제에 대하여 학급 전체 구성원들이 자유 질문들을 기록하여 게시할 수 있다. 모둠 질문 게시판(뒷면)은 학습 주제에 대하여 모둠 구성원들이 자유 질문들을 기록하여 게시할 수 있다. 배움알림판(KWL-sheet)은 학습 주제에 대하여 알고 싶은 것과 알게 된 것, 그리고 궁금한 것 등을 기록할 수 있다. 그래서 개인별, 모둠별 학습 상태를 실시간 확인할 수 있어서 교사가 교사학습활동에 대한 즉각적인 피드백의 기초 자료로 활용할 수 있다. 특히 학습코칭 차원에서 활용하면 좋다. 칭찬 주인공 코너가 있어서 좋은 질문을 한 학생을 질문왕이나 질문천사로 선정하여 게시할 수 있다.

01

하브루타 질문게시판

- "어떤 주제에 대하여 궁금한 것들을 자유 질문으로 만들어 여기에 붙여봐!"
- 핵심 아이디어 : 학습 주제에 대한 자유 질문을 만들어 공유한다.
- 진행 단계
  - ① 교사가 학습 주제를 제시하고 게시판에 '오늘의 주제'를 기록한다.
    - 예 민주주의, 소설 등
  - ② 학생들이 해당 주제와 관련하여 알고 싶은 것을 자유롭게 기록한다.
  - ③ 학생들이 해당 주제와 관련한 질문들을 접착식 메모지(포스트잇)에 기록하여 질문게시판에 붙인다.
  - ④ 학생들이 만든 질문 중 가장 좋은 질문 한 가지를 찾아 '오늘의 질문'으로 선정하고 이를 모둠별 활동 과제나 수행 평가 과제로 제시한다. 이때 '오늘의 질문'을 쓴 학생을 칭찬 주인공을 선정한다.
- 유의사항
  - 단원 도입 단계에서 활용하면 좋다.
  - 다른 학생들이 만든 질문에 대하여 평가나 비난을 하지 않도록 한다.
  - 메모지가 훼손되지 않도록 관리를 하는 것이 필요하다.
  - 교실 앞쪽 칠판에 붙여서 활용하면 좋다. 초등 교실의 경우, 교실 뒤쪽 게시판에 상시적으로 고정해도 좋다. 중등 교실의 경우, 교과 부장 학생을 선정하여 별도로 관리하는 것도 좋다.
- TIP
  - 칭찬 주인공 코너에 좋은 질문을 한 학생을 질문왕이나 질문천사로 선정하여 게시할 수 있다. 교사가 직접 정할 수 있고, 학생들이 좋은 질문에 표시를 하여 정할 수도 있다.

- 개발자 / 참고 문헌

  - 김현섭

  - 허승환의 질문게시판

  - 전성수 외(2015), 「질문이 있는 교실-중등편」, 경향비피

02

오늘의 질문게시판

- "어떤 주제에 대하여 학급 구성원들의 생각을 모아서 전체 의사결정을 해봐"
- 핵심 아이디어 : 모둠 토의한 내용을 전체 학급 구성원들과 공유한다.
- 진행 단계

  ① 교사가 '오늘의 질문'을 기록한다. 예 다음 달 우리반 학급 소풍지로 가고 싶은 곳은?

  ② 학생들이 '오늘의 질문'에 대한 자신들의 생각을 접착식 메모지(포스트잇)에 기록하여 질문게시판에 붙인다. 예 놀이공원, 박물관, 제주 등

  ③ 학생들의 다수 생각들을 모아 학급 토의를 통해 최종 의사결정을 한다.

- 유의사항

  - 학급 운영 시 학급 구성원들의 생각을 모아서 민주적인 의사 결정을 하고자 할 때 도움이 된다.

  - 재미있는 질문을 던져서 설문 조사 도구나 자유 질문 연습 도구로 활용할 수 있다.

    예 만약 지구나 평평하다면 어떤 일이 생길까? 내가 좋아하는 음식과 그 이유는?

    내가 좋아하는 연예인과 그 이유는? 내가 가보고 싶은 여행지와 그 이유는?

    일주일 뒤 지구 종말이 찾아온다면 1주일 동안 해보고 싶은 것은?

- TIP

  - '오늘의 질문' 대신 '이번 주의 질문'이나 '이 달의 질문'도 좋다.

  - 기존 질문 카드에 들어있는 질문들을 참고하여 다양한 질문을 활용하면 좋다.

- 학생들이 직접 질문을 만들고 학생들이 답변해 보는 것도 좋다.

- 학생 자치 활동으로 활용해도 좋다.

• 개발자 / 참고 문헌

- 김현섭

03
배움알림판

• " 학생들이 오늘 수업 내용에 참여한 소감이나 배운 것, 그리고 질문 등을 자유롭게 기록해 봐"

• 핵심 아이디어 : 수업에서 배운 내용이나 소감을 기록하여 학습 효과를 높이고 메타인지 능력을 기른다.

• 진행 단계

① 교사가 오늘 수업에서 다룰 학습 주제를 기록한다. 예 화석, 맞춤법 등

② 수업 이후 학생들이 오늘 수업 내용과 관련하여 배운 것이나 질문 사항을 접착식 메모지(포스트잇)에 기록하여 질문게시판에 붙인다.

③ 교사가 학생들의 배운 내용이나 질문들을 파악하여 다음 수업을 위한 피드백 자료로 삼거나 스마트폰 사진으로 찍어서 이를 보관하여 평가에 반영한다. 수업 시간에 적극적으로 참여했거나 긍정 행동을 한 학생을 칭찬 주인공에 기록한다.

• 유의사항

- 수업이 마무리 단계나 쉬는 시간에 학습 소감이나 배운 것, 질문 등을 접착식 메모지 (포스트 잇)에 기록한다.

- 꾸준히 활용해야 학습 효과를 높일 수 있다.

- 학생들이 기록한 학습 소감이나 배운 것, 잘 이해가 가지 않은 것, 질문 등을 붙이고

나서 교사가 이를 사진으로 찍어서 학습 결과물로 보관하여 활용하면 좋다. 특히 생활기록부 교과별 특기사항 등에 기록해주면 좋다. 온라인 수업 시 사이트나 밴드방 등에 올려 놓을 수 있다.

- TIP
  - 모둠 칠판이 없는 경우, 모둠 칠판 대신 전지나 이젤 패드 등을 활용하면 좋다.
- 개발자 / 참고 문헌
  - 김현섭
  - 김현섭(2015),「질문이 살아있는 수업」, 수업디자인연구소

제3부
**수업 보드
게임의 이해**

9장. 수업, 보드게임을 만나다

9장.
수업, 보드게임을 만나다

국내 보드게임의 현주소

　최근 국내의 보드게임 산업은 제2의 전성기를 맞고 있다. 2000년대 초반 전국 1,000개 정도의 보드게임 카페들이 있었다. 하지만 노래방, PC방 등과 함께 친목 모임의 공간으로 유행의 바람처럼 불었다가 불과 몇 년 만에 연기처럼 사라져 버렸다. 2010년대에 들어오면서 국내 게임 개발사 및 유통사들이 활기를 띠기 시작하였고, 외국 게임들이 아닌 직접 개발하거나 외국 제품들을 한글화한 보드게임들이 늘어나고 있다. 이로 인해 국내의 보드게임 시장 규모는 커지고 사람들의 관심 또한 늘어나고 있다. 2000년대 초반의 보드게임 카페들이 소비문화에 맞추어 흘러가는 유행을 따른 것이었다면, 2010년 이후로 보드게임 시장은 개발 및 유통사들의 전략적인 마케팅과 각종 보드게임 대회 및 행사들, 그리고 학교를 대상으로 하는 방과 후 수업 등으로 안정적인 성장을 지속하고 있다. 또한, 외국산 보드게임뿐 아니라 이제는 국내에서 개발된 게임들에서도 다양한 재미를 느낄 수 있고, 세계 시장에도 진출하는 게임들이 해마다 쏟아져 나오고 있다. 전국의 주요 도시마다 보드게임 플레이어들이 동호회를 유지하면서 보드게임은 온라인 게임과는 다른 모습으로 소비자들에게 끊임없는 사랑을 받고 있다.

　한편 부모들과 교사들을 중심으로 스마트폰 게임과 온라인 게임들에 대한 대안으로서 보드게임에 관심을 갖는 사례가 늘어가고 있다. 이러한 경향은 과거 보드게임 카페들이 확산된 것과는 본질적으로 다르다. 왜냐하면 과거 보드게임을 선택하는 기준은 오직 '즐기기 위한 것' 즉, 오락성이 목적이었다면 최근의 경향은 '교육적 기능이 있는' 보드게임들을[1] 구매하는 소비자들(주로 학부모들)을 중심으로 보드게임 시장이 성장하고 있기 때문이다. 이제 보드게임은 취미나 레저의 영역뿐 아니라 교육의 영역에도 성큼 발걸음을 들여놓은 상태이다.

---

1) 학문적으로는 '기능성 게임(Serious Game)'이라 부른다.

이런 시장의 형성에 따라 대형마트와 온라인 판매사들은 발 빠르게 보드게임의 판매 전략들을 내놓고 있다. 대형마트의 완구 코너는 이미 한쪽에 보드게임 전용 진열대가 들어섰고, 이제 웬만한 유명 보드게임들은 대형 포털사이트 등을 통해 쉽게 구매할 수 있다. 보드게임을 편리하게 구매하여 어떤 장소에서든 즐길 수 있는 환경들이 보드게임 카페들의 문을 닫게 한 원인이 되었다고 볼 수도 있다.

하지만 일반 소비자들이 대형마트나 온라인 판매로 접할 수 있는 보드게임들은 이미 대중적으로 잘 알려진 것, 즉 이미 인지도가 형성되어 지속적인 판매가 가능한 것이거나 교육적 기능에 가까운 것들이다. 더욱 다양한 장르의 보드게임들이 매년 개발되어 제작되고 있지만, 게임 방법을 스스로 학습해야 하는 부담감과 교육적 게임들만 찾는 소비자들에 의해 국내에서는 다양한 장르의 게임들의 저변 확대가 더딘 상황이다. 그나마 '방과 후 교실' 등을 통해 보드게임 전문 강사들이 학교 현장에서 보드게임을 소개하고 있지만, 현직 교사들이 다양하고 교육적으로 유용한 보드게임을 접할 수 있는 정보와 기회는 여전히 제한되어 있다.

놀이[2]의 재발견

 네덜란드의 화가 피터 브뤼겔(1525-1569)은 성서 속 바벨탑의 이미지를 그림으로 표현한 것으로 유명하다. 그는 서민들의 모습을 주로 그린 풍속 화가로서 1560년에 그린 '아이들의 놀이' 작품에는 당시 아이들의 놀이 약 124개가 그려져 있다. 놀라운 것은 그 놀이 중에는 우리에게도 익숙한 것들이 많이 있다는 점이다. 굴렁쇠 굴리기, 공기놀이, 인간 뜀틀, 말뚝박기, 팽이치기, 꼬리잡기 등이다. 우리의 굴렁쇠 굴리기는 일제강점기 때 편찬된 '조선의 향토 오락'이라는 책에 처음 소개되었다. 말뚝박기는 1895년 스튜어트 컬린의 책 'Korean Game'에 처음 기록되었지만, 훨씬 이전부터 즐겼던 놀이라 여겨진다. 팽이치기는 기원후 720년에 쓰인 '일본서기(日本書紀)'에서 일본의 팽이가 우리나라에서 전래되었다고 기록한 것으로 보아 이미 삼국시대에 널리 행해졌음을 알 수 있다. 공기놀이 또한 5세기 고구려 벽화에 그려져 있다. 즉 삼국시대에 이미 공기놀이가 있었다는 말이다.

 어떻게 약 500년 전에 멀리 떨어진 두 나라의 아이들이 동일한 형태의 놀이를 즐기게 되었을까? 우리의 전통 놀이가 피터 브뤼겔이 그림을 완성한 1560년 이전에 유럽 대륙의 서쪽의 네덜란드에 전해졌던 것일까? 아니면 5세기 전 로마가 유럽을 지배할 때, 유럽의 전통 놀이였던 팽이치기가 실크로드를 거쳐 한반도에까지 전해지게 된 것인가? 우리는 이 두 가지 가설들을 받쳐줄 만한 자료를 가지고 있지 못하다. 현재 상황에서 인정할 수 있는 것은 아이들이 즐기는 다양한 전통 놀이는 우리가 생각하는 것보다 훨씬 이전에 형성된 인류의 문화라는 점이다. 이 때문에 세계의 놀이문화는 인류가 농사와 목축을 시작하고, 거처할 집을 지으며, 하루 세끼 밥을 먹는다는 인류 생활의 공통분모와 연관된 것이다. 어쩌면 놀이는 후천적인 학습보다는 선천적인 본능에 더 가까운 것인지도 모른다.

 '아이들의 놀이'가 그려진 1560년 훨씬 전부터 세상의 아이들은 다양한 놀이를 즐기고 있었다. '놀이하는 인간'이라는 뜻의 「호모 루덴스(Homo Ludens)」라는 책에서 저자 요한 하위징아는 "진정한 문명은 놀이가 없는 곳에서 존재할 수 없다."라고 말한다. 즉 놀이라는 것은 인류 문명의 부산물이 아니라, 인류 문명의 주요한 개념들 자체가 놀이의 성격

---

2) 이 글에서는 '놀이'와 '게임'을 동일한 개념으로 보고 있다.

을 지닌다고 말한다. 그는 놀이는 자발성, 탈일상성, 독립된 세계, 현실 모방의 재현이라는 4가지 특징을 지니고 있는데, 인류 문명이 가지고 있는 윤리와 명예의 개념은 독립된 세계 속에서의 경쟁을 통해, 종교성은 재현성을 통해 형성된다고 보았다. 역사적 자료들을 통해 공기놀이가 사람이나 동물의 뼛조각을 이용한 종교적 주술행위에서 시작되었다는 것을 보더라도 놀이는 종교성처럼 인간의 본성과 깊은 연관이 있다. 인류의 시작과 함께 놀이도 시작되었다 말해도 과언이 아닐 것이다.

놀이와는 아무런 상관이 없을 것 같은 영역에서도 놀이는 매우 중요한 것으로 여겨진다. 범죄 심리학자 스튜어트 브라운 박사는 2008년 TED 강연 "재미를 넘어서서 꼭 필요한 놀이"에서 미국 역사에 남은 두 명의 범죄자에 대한 연구를 소개한다. 한 명은 찰스 휘트먼(1941-1966)이다. 그는 1966년 미국 텍사스 오스틴 대학교 총기사건의 주범으로 대학 본관 시계탑에 올라가 약 1시 30분 동안 15명을 저격용 총 및 산탄총으로 쏘아 살해했다. 다른 한 명은 2007년 미국 버지니아 공과대학 총기사건으로 33명을 살해한 재미 한국인 조승희(1984-2007)로 7살에 미국으로 이민을 간 1.5세대이다.

스튜어트 브라운 박사가 포함된 연구위원회는 이 두 사람에 대해 하나의 공통점을 발견했다. 그것은 두 범죄자 모두, 그들의 성장기 때에 놀이가 부족했다는 점이다. 이러한 놀이의 부족이 자신의 범죄행위를 억압하는 데 징애가 있었다는 것이 위원회의 결론이있다. 이러한 결론은 놀이가 단순히 여가를 즐기는 것이 아니라, 인간이 사회적 존재로 성장하기 위한 필연적인 행동이라는 것을 말해준다. 한마디로 놀이를 통해 성장기의 아이들은 세상을 알아가고, 사회적 존재로서 대상을 이해하고 소통하는 법을 배우는 것이다.

옛날부터 부모에게 가장 많이 들었던 말들은 "숙제 다 마친 후에 놀아라", "공부 다 한 후에 놀아라"였다. 이것은 성적이 자녀의 인생에 큰 영향을 끼칠 것이라 믿는 부모들에게서 흔히 듣게 되는 잔소리들이다. 부모의 입장에서는 자녀들에게 숙제나 공부가 늘 먼저였고, 노는 것은 공부가 다 마친 후에 할 수 있는 부차적인 것이었다. 하지만 아이들은 놀이를 통해 세상을 배워가고 사람들과 소통하는 기술을 배운다. 즉 아이들에게 노는 것이 그 어떤 지식 보다 가장 중요한 공부가 되는 것이다. 지금의 한국 사회는 공부는 뒷전에 두고 놀기만 하는 아이들은 루저(looser), 즉 경쟁 사회의 실패자가 될 것이라 말한다. 하지만 놀이가 이 세상을 살아가는 가장 중요한 생존의 기술을 익히는 것이라고 한다면, 놀이를 억압하고 있는 우리의 교육은 근본부터 잘못되어 있는 것이 아닐까?

보드게임이란

많은 사람들이 '보드게임(board game)'을 익숙한 단어로 생각하면서도 그 정의와 범주를 이해하는 면에서 혼란을 갖는다. 따라서 본 글에서는 먼저 다음과 같이 보드게임의 정의와 범주를 정하고자 한다. 온라인 위키백과 사전(http://ko.wikipedia.org)에서 말하는 보드게임의 정의는 다음과 같다.

보드게임(board game, 말판놀이)이란 놀이판 및 간단한 물리적인 도구로 진행하는 놀이를 말한다. 인터넷으로 진행하는 컴퓨터 게임에 비교해서 오프라인 게임이라고 하기도 한다. 좁은 의미에서는 놀이판 및 종이 등으로 구성된 놀이딱지(흔히 카드)와 연필, 놀이패(token), 주사위 등으로 구성된 게임을 말하며, 넓은 의미에서는 온라인으로 진행하는 카드 게임 등을 포함한다.

여기에서는 위의 정의 내용 중 온라인으로 진행하는 카드 게임을 포함하는 넓은 의미의 범주를 따르지 않고 오직 오프라인 형태의 게임으로만 한정하기로 한다. 또한, 보드게임의 구성 형태에 따라 그 종류를 다음과 같이 세 가지로 분류한다.

첫째, 카드놀이이다. 이것은 카드라 불리는 놀이딱지와 놀이판이 필요한 놀이를 가리킨다. 여기서 놀이판은 교실 책상이나 식탁 등 어떤 종류와 상관없이 게임을 할 수 있는 테이블이거나 플레이어들이 둥글게 둘러쌓아 만든 무형의 공간, 하지만 게임에 집중할 수 있도록 범위가 한정된 물리적 공간을 의미할 수도 있다. 카드 게임에서는 대개 놀이판과 카드만이 쓰인다. 대표적인 카드 게임은 '트럼프'[3]이다. '트럼프'를 이용한 게임들은 수천 가지에 달하며, 여전히 이러한 형식을 응용한 게임들이 출시되고 있다.

---

3) 카드의 기원은 다음과 같다. 중국에서 점을 칠 때 쓰던 화살이 놀이나 점을 치는 데 사용되는 막대기로 변했고, 훗날 종이가 발명됨에 따라 카드로 만들어졌다는 설이 있다. 대략 BC 200년에서 AD 200년 사이에 초기의 형태가 만들어진 것으로 추정되며, 이것이 실크로드를 통해서 서양으로 전해졌다. 카드가 유럽에 전해진 때는 11~13세기로 보며, 지금까지 전해지는 최초의 카드는 타로(Tarot)이다. 이 타로카드가 훗날 14~15세기에 프랑스에서 현재의 트럼프 형태로 바뀌게 된다. (출처 : 네이버 지식백과 '카드')

트럼프 형식의 카드 게임을 러미(Rummy)라 부른다. 러미 게임을 큐브 형태로 만든 게임이 바로 루미큐브 (Rummikub)이다.

둘째, 말판놀이이다. 이 형태에는 놀이판과 말이 필요하다. 이때 말을 움직일 때 주사위와 같은 보조 도구가 쓰이기도 한다. 말판이라 불리는 놀이판은 말이 움직이는 길 등 일정한 형태를 지닌다. 대표적인 말판놀이로는 우리의 전통 놀이인 '윷놀이' 또는 추억의 '뱀주사위 놀이'가 있다. '뱀주사위 놀이' 형태의 게임들은 규정이 직관적이라 간단하고 그 종류도 다양하다. 굴린 주사위 숫자대로 말을 움직이고, 말이 도착하는 지점에 이벤트가 있다면 그 내용대로 말을 옮기고, 최종 목표지점에 먼저 말이 도착한 플레이어가 승자가 된다. 어릴 적 놀이를 좋아했던 사람이라면 한 번쯤은 직접 말판놀이를 만들어서 친구들과 주사위 놀이를 즐겼던 추억이 있을 것이다.

보드게임의 마지막 구성 형태는 카드놀이와 말판놀이가 합쳐진 것이다. 예컨대 국내에서 가장 많은 인기를 누린 '부루마블'에서는 각 도시를 나타내는 카드와 황금열쇠 카드 등의 놀이딱지가 존재하며, 그 밖에 건물을 나타내는 놀이패가 있고, 전세계 주요 도시가 표시된 정사각형의 말판 위로 플레이어들의 말이 움직인다. 말이 움직일 수 있는 거리는 굴린 주사위 눈 수로 결정된다. 카드놀이와 말판놀이가 합쳐진 형태는 전략 보드게임에서 쉽게 볼 수 있는 형태이다. 말판은 말의 움직이는 동선에 따라 크게 3가지 형태로 구분된다. 첫째 처음과 끝이 분명한 일방향형, 둘째 계속 정해진 코스를 돌고 도는 순환형, 셋째는 플레이어의 선택에 의해 동서남북 방향을 선택할 수 있는 지도형 말판이다. 이 세 가지는 매우 다른 형태의 보드게임으로 보이지만 결국 말판 위에서 말이 움직인다는 점은 동일하다.

주사위 놀이인 [개구쟁이 스머프 사다리 게임]의 지도는
처음과 끝이 정해져 있는 일방향 말판을 사용한다.

국내에서 큰 인기를 누린 [부루마블]은 순환형 지도를 사용한다.

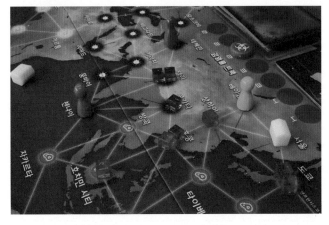

바이러스 치료제를 개발하는 협력게임 '팬데믹'의 놀이판은 전세계 지도이며
플레이어의 선택에 따라 원하는 위치로 말을 이동시킬 수 있다.

보드게임의 유익들

이렇듯 보드게임은 간단한 물리적 도구들을 활용해서 오프라인에서 하는 놀이이다. 이 것은 실외보다는 주로 실내에서 사람들끼리 게임판(유형이거나 무형이거나)을 중심으로 둘러앉은 후 즐기는 게임의 형태를 말한다. 사실 우리는 이미 보드게임을 종종 즐기고 있 었다. 명절마다 가족들끼리 모여 큰 웃음으로 즐겼던 윷놀이, 놀이터 한 편에서 또는 교 실의 한 구석에서 시간 가는 줄 모르고 즐겼던 공기놀이, 그리고 취미를 넘어 프로 경기 까지 진행되고 있는 바둑, 체스 등 또한 보드게임의 영역에 포함된다. '트럼프'와 '화투(花 鬪)' 또한 대표적인 카드 게임들이다.

신체발달과 놀이를 연구하는 전문가들은 아이들에게 가장 좋은 놀이는 전신을 사용하 는 몸놀이라고 말한다. 이것은 영유아뿐 아니라 청소년들에게도 마찬가지다. 엄마가 아 기에게 간지럼을 태우고, 아빠가 아이를 목말을 태우거나 레슬링 놀이를 하는 것, 또 축구 나 농구 등 스포츠를 즐기는 것 등은, 온몸을 사용하고, 상대방과 주변 환경들까지 고려한 다는 점에서 아이들의 두뇌와 신체를 연결하는 가장 좋은 놀이다. 그럼에도 불구하고 보 드게임은 몸놀이가 갖고 있지 않은 여러 가지의 유익한 면들이 있다.

첫째, 보드게임은 짧은 시간에 즐길 수 있다. 게임을 설명하거나 배우는 시간을 제외하 면 10분 내외로 즐길 수 있는 게임들도 많이 있다. 손기술 게임이나 파티게임뿐 아니라 컴포넌트(게임 구성물)가 간단하고 짧은 플레이 시간 동안 복잡한 게임 못지않게 다양한 전략을 펼 수 있는 게임들도 존재한다.

대표적인 사례로 카드 게임 '러브레터'가 있다. '러브레터' 는 2012년 일본에서 발매된 카드 게임으로 16장의 카드 로만 즐길 수 있는 추리 게임이다. '러브레터'의 개발자 카 나이 세이지와 '하타리', '가짜 예술가 뉴욕에 가다', '해저 탐험' 등 많은 인기작을 출품한 오잉크 게임즈는 적은 컴포 넌트로 즐기는 미니멀 게임이라는 새 장르를 개척했다.

둘째, 보드게임은 실내 및 작은 공간에서 즐길 수 있는 놀이다. 밖에 비가 오거나 한파가 몰려와도 보드게임은 둘러앉을 작은 공간만 있다면(보드판이나 책상이 없더라도) 언제든 플레이할 수 있다.

한 선생님이 지난 겨울방학 때에 러시아 블라디보스토크에서 모스크바까지 시베리아 횡단 열차를 이용해 유럽 여행을 떠났다. 일주일 동안 기차에 있는 동안에 몇 가지 카드 게임으로 러시아 대학생들과 즐거운 시간을 보냈다고 한다. 달리는 기차 안에서 할 수 있는 놀이를 떠올려보라. 공놀이, 전신 몸놀이 등은 불가능하다. 보드게임은 작은 공간에서도 충분히 즐길 수 있는 놀이다.

열차의 비좁은 테이블 위에서 진행할 수 있는 카드 게임 [펭귄 파티]

셋째, 보드게임은 두뇌를 많이 자극하는 놀이다. 신경해부학에서 사용되는 호문쿨루스(Homunculus)라는 가상의 이미지가 있다. 인간 몸의 신체 기관들을 대뇌피질에서 담당하는 비율에 따라서 크기를 다르게 이미지화시킨 것이다. 호문쿨루스는 입과 손이 다 신체 기관들에 비해 크게 표현되어 있다. 손을 사용하는 것과 언어를 사용하는 것은 두뇌를 가장 많이 자극하는 일이기 때문이다. 보드게임은 주로 손을 이용하는 놀이다. 운동 경기에서 사용하는 대근육보다는 손가락 등의 소근육을 많이 사용한다. 카드, 주사위 등 모든 컴포넌트는 손을 이용해 뒤집거나 이동시켜야 한다. 또한, 보드게임은 자연스럽게 대화를 유도하고 말을 많이 하게 하는 놀이다. '딕싯(Dixit)'이라는 게임은 이름 자체가 라틴어로 '말하다'라는 뜻이며 플레이어들이 그림을 말로 표현하면서 게임이 진행된다.

넷째, 보드게임은 직접 대면하여 소통하는 놀이다. 보드게임은 컴퓨터 게임처럼 모니터에 집중하는 것이 아니라, 플레이하는 사람에게 집중한다. 직접 얼굴을 바라보고 표정을 살피며, 대화를 경청한다. 보드게임의 장르 중 상호 작용이 강한 협상 게임이나 속임수를 잘 써야 하는 블러핑(bluffing) 게임에서는 더더욱 상대방의 말과 표정에 집중해야 한다. 즉 이런 장르들의 보드게임을 통해 경청하기와 말하기를 훈련할 수 있다.

마지막으로, 보드게임은 독립된 가상 세계를 만들어 상상력을 자극시킨다. 대부분의 보드게임은 게임의 배경이 되는 테마를 갖고 있다. 최근 세계 보드게임의 시장의 추세는 특정한 주제나 테마가 없는 추상 전략 게임보다는 특정한 스토리와 내러티브를 선호한다. 테마를 통해 플레이어들은 독립된 세계에 소속된다. '카탄'이라는 가상의 섬에 머물며 자원을 채취하고 다른 이들과 협상을 통해 자신만의 도시를 만들거나, '팬데믹'처럼 치명적 바이러스로 인류의 종말을 앞둔 때에 플레이어들과 힘을 합쳐 인류를 구원할 수도 있다. 또한 '테라포밍 마스'에서는 화성을 인류의 거주지로 만들기 위한 거대 프로젝트에 참여할 수 있다. 이러한 테마들을 통해 플레이어들은 간접 경험을 하고 게임을 통해 세상을 배우고 지식을 쌓을 수 있다.[4]

위 다섯 가지 보드세임의 장점들을 교육적 차원에서 다시 성리해보면 다음과 같다.

첫째, 수업이라는 제한된 시간 안에 보드게임을 활용하여 수업을 구성할 수 있다.

둘째, 외부로 나가지 못할 때 교실이라는 한정된 공간 속에서 즐길 수 있는 가장 적합한 놀이이다.

셋째, 손의 사용과 대화를 통해 두뇌를 자극해 학습 능력을 높인다.

넷째, 보드게임을 통해 학급 친구들과 서로 바라보며 소통할 수 있는 시간을 갖는다. 또한, 협력게임이나 팀별 게임으로 협동심과 협력기술을 기를 수 있다.

다섯째, 보드게임의 다양한 테마들은 학생들에게 상상력을 자극시키고, 간접 경험을 통해 직업을 이해하거나 얕지만 전문지식을 얻게 할 수 있다.

---

4) 간접 경험에 대해서는 〈짧은 꼬리 원숭이에서 나타나는 신생아의 모방행위(2006)〉 실험을 통해 정리된 [거울 신경(Mirror neuron) 이론]을 참고하라. 이 이론에 의하면 시각적으로 보는 것만으로도 실제 행동 시의 뇌 부위가 활성화된다.

교사 입장에서 보드게임을 바라보는 매력은 기존의 보드게임을 학습의 주제로 테마를 입히거나 새로운 수업 보드게임을 만들 수 있다는 점이다. 기존의 보드게임을 그대로 즐기는 것도 좋은 일이지만, 놀이가 수업의 주제와 연관된다면 교사와 학생들에게 이보다 더 큰 유익이 없을 것이다. 하지만 이렇게 게임을 변형시키거나 새로운 주제로 게임을 만드는 과정은 쉽지 않다. 그 때문에 전문가의 도움과 함께 제작을 도울 수 있는 연구 공동체가 필요하다.

보드게임을 선택하는 방법들

새로운 보드게임들은 매년 몇 개씩 이 세상에 태어날까? 2012년 SPIEL[5] 에서는 대략 1천 개의 업체가 그 해의 신작 게임을 대략 2~3개씩 선을 보였다. 박람회에 참여하지 않은 보드게임 수까지 고려해보면 2012년 발매되었던 보드게임은 적어도 3천 개가 충분히 넘을 것이다. 2017년 한국에서 열린 보드게임 마스터 클래스의 스피커였던 프랑스 보드게임 출판사 Cocktail Games의 대표는 2016년에 프랑스에서만 발매된 보드게임만 1천 개 정도 된다고 말했다. 독일이나 미국이 프랑스보다 더 많은 보드게임을 생산하기 때문에 2012년도보다 훨씬 더 많은 보드게임이 플레이어들의 사랑을 받고자 출시되고 있다.

그렇다면 한국 보드게임 시장에서는 해마다 몇 개의 새로운 보드게임들이 유통되고 있을까? 정확한 숫자를 알 수는 없지만, 대략 전세계 출시작들의 1/10도 안 되는 것으로 추정된다. 그렇다면 당신이 매년 새롭게 만나는 보드게임들은 몇 개인가? 매년 새로운 보드게임을 10개 정도만 접한다고 해도 이미 당신은 주변 사람들에게 보드게임에 대해 좀 안다는 소리를 들을 것이다. 요즘은 도심지의 대형마트들에서도 보드게임 진열대가 완구 코너 한쪽에 자리 잡고 있다. 하지만 몇 년간 꾸준히 관찰해 보면 매년 새로운 게임들은 10개 정도에 그칠 뿐이며, 주로 스테디셀러들, 즉 이미 시장에서 검증된 게임들 중 대량으로 생산되어 판매 마진이 많이 남는 게임들이 진열대를 지키고 있다. 이것은 아직까지 국내 보드게임 시장이 활발하지 못하다는 반증이기도 하다.

다양한 보드게임을 선택하기 위해서는 오프라인 매장보다는 온라인 구매가 더 낫다. 국

---

5) 매년 10월 독일 에센에서 열리는 세계보드게임 박람회

내에서 개발된 게임뿐 아니라, 수입 유통되는 게임들은 대부분 온라인을 통해 구매할 수 있다. 하지만 온라인 구매는 직접 제품을 눈으로 확인하지 못한다는 점에서 구매가 망설여진다. 이 때문에 온라인의 사용자 후기는 선택에 가장 큰 영향을 준다. 몇 년 사이 개인 블로그와 유튜브 등을 통해 신작 게임 등 다양한 게임을 소개되고 있다. 또한, 국내의 유통 및 판매회사 공식몰을 통해서도 다양한 게임들을 구매할 수 있다. 그리고 보드게임 커뮤니티 사이트들을 통해서도 다양한 보드게임 후기들을 접할 수 있다.

블로그와 유튜브 활용하기

1) 파워 블로그, '지티의 보드게임 기록실'

검색사이트에서 '추천 보드게임'이라고 검색만 해도 다양한 게임들을 블로그를 통해 접할 수 있다. 검색 키워드를 바꿔 '초등학생 추천 보드게임' 또는 '수학 보드게임' 등으로 검색을 해도 많은 정보가 쏟아져 나온다. 교육용 보드게임보다는 취미 위주의 게이머들을 위한 대표적인 보드게임 블로그는 '지티의 보드게임 기록실(blog.naver.com/lein)'이다. 2010년부터 게임 부문 파워블로그로 선정될 만큼 오랜 시간 동안 수많은 보드게임 체험 후기를 포스팅하고 있다.

2) 유튜브 채널, '보드 라이브'

보드게임 소개 및 실제 플레이 영상을 지속적으로 올리고 있는 유튜브 채널은 '보드 라이브 BoardLiveGame'이다. 2017년부터 본격적으로 보드게임 관련 영상 콘텐츠들을 업로드하고 있는데, 매주 목요일 저녁 유튜브 채널을 통해 신작 또는 유명한 보드게임들을 직접 플레이하는 모습을 보여주고 있다. 그뿐 아니라 국내외 주요 보드게임 행사들도 방문하여 직접 현장의 분위기를 전해주기도 한다.

국내 개발사 및 유통사, 그리고 전문모임

몇 년 전까지만 해도 국내에서는 보드게임을 직접 개발하는 개발사와 유통사가 뚜렷하게 구분되었었지만, 이제는 개발사와 유통사의 구분이 모호해졌다. 유통사가 직접 작가를 발굴해 개발하기도 하고, 개발사가 직접 쇼핑몰을 운영하기도 한다. 개발사나 유통사는 나름 회사마다 선호하는 특징들이 있기 때문에 회사의 특성을 이해하면 더 빠르고 정확하게 원하는 보드게임 정보를 얻을 수 있다.

1) 국내 최대의 보드게임 유통사, '코리아보드게임즈(koreaboardgames.com)'

2004년에 설립하여, AMIGO, KOSMOS 등의 대표적인 보드게임 개발사들의 제품을 국내에 선보여 국내 보드게임 산업을 주도한 회사이다. 세계의 다양한 보드게임들을 국내에 유통도 시키면서 20여 개의 게임도 직접 개발하였다. 보드게임을 활용한 각종 교육 프로그램도 제공하고, 카탄, 스플렌더 등 전세계적으로 유명한 보드게임의 대회를 진행하고, 학교의 교내 대회들도 지원하고 있다. 해마다 파주의 물류창고를 오픈하여 재고품을 파격적인 가격에 판매하는 행사가 있는데, 인기작이나 신작들도 꽤 저렴하게 구매할 수가 있다.

2) 교육용 보드게임의 선두주자, '행복한 바오밥(happybaobab.com)'

2004년 교육용 보드게임 전문 유통사로 시작한 행복한 바오밥은 다양한 형태의 교육용 보드게임들과 게이머들을 위한 유명 게임들을 한글화하여 유통하고 있다. 마찬가지로 유통사로 시작했지만, 최근에는 직접 디자이너들을 발굴하여 개발하고 있다. 정기적으로 열리는 바오밥 데이는 신작을 빨리 경험하거나 다양한 인기 게임들의 대회를 통해 작지만 알찬 보드게임 축제로 자리매김을 하고 있다.

3) 게이머들의 취향을 저격하는, '보드엠(boardm.co.kr)'

게이머들을 위한 게임들을 수입 판매하고 있는 대표적인 유통사이다. 최근에는 '보드엠 팩토리'라는 브랜드를 런칭하여, '셜록13' 등 직접 게임들을 개발하거나 '클랜 오브 칼레도니아'와 같은 유명 해외 게임의 한글화를 진행하고 있다. 서울 은평구에 오프라인 매장과 자율형 플레이카페를 함께 운영하고 있으며, 보드게임 행사 등을 위한 대관도 가능하다.

4) 국내 제작 전문가 그룹, '만두 게임즈(mandoogames.com)'

프로듀서, 아트디렉터, 게임 에디터, 그래픽에디터로 구성된 보드게임 퍼블리싱 및 개발 전문가 그룹으로 해외 파트너사들이 만든 뛰어난 퀄리티의 게임의 한국어판을 주로 출시하고 있다. 아름다운 디자인, 창의적인 게임 방법과 전략성을 가진 제품들을 주로 소개하고 있다. 또한, 보드게임 개발 및 퍼블리싱 관련 지식공유를 위해 매년 보드게임 디자인 마스터 클래스(MCBD, Masterclass of Boardgame Design)를 개최하고 있다.

5) 국내 개발자들의 든든한 친구, '피스크래프트(piececraft.com)'

피스크래프트는 기업의 이윤추구보다는 보드게임 개발자들의 생태계를 만드는 것에 더 큰 비중을 두고 있는 보드게임 개발사이다. 무엇보다 아마추어 개발자들을 꾸준히 발굴하며 보드게임 개발자들의 축제라 불리우는 '비콘(BEACON, Boardgame Exhibition of Amateurs Convention)'을 매년 주최하고 있다. 피스크래프트에서 운영하는 온라인 몰에서는 직접 게임을 만들 수 있는 DIY형 웹 출판 게임들을 저렴하게 판매하고 있으며, 보드게임 개발을 위한 다양한 컴포넌트를 제공하는 보드게임 디자이너들의 든든한 동반자로 자리매김하고 있다.

6) 보드게임 교육연구회, 보이다(facebook.com/groups/boardgame4edu)

'대화하는 가정, 소통하는 교실'이라는 주제 의식을 지닌 교사들과 학부모들을 중심으로 보드게임을 통해 교육의 적용점을 모색하면서 2015년 7월에 조직되었다. 현재 성남 분당 및 용인 수지 지역을 중심으로 정기모임을 갖고 있다. 보드게임을 교육 현장 적용하기 위한 모임이라는 점에서 기존의 보드게임 동호회와는 성격이 다르다. 현직 교사들을 중심으로 한 강사 그룹이 학교나 지역단체에 보드게임 문화를 소개하는 강의를 하고 있으며, 수업 보드게임 제작 워크숍도 진행하고 있다.

보드게임 동아리 운영하기

학교 내에서 보드게임을 통해 학생들과 교류할 수 있는 가장 좋은 방법은 동아리 운영이다. 매주 동아리 시간을 확보하여 게임을 진행하고 마칠 때는 학생들로부터 게임에 대한 피드백을 받는다. 초등 고학년 이상이라면 미리 게임 방법을 익혀 오게 하여, 자발적으로 다른 학생들에게 게임을 소개하면서 점차적으로 학생 자율로 동아리가 운영되도록 하는 것이 좋다. 동아리 운영에 필요한 보드게임들을 구매할 때에는 동일한 게임을 여러 세트 사는 것보다는 다양하게 구매하는 것이 좋다. 학생들은 아무리 재미난 게임이라도 여러 번 반복하는 것에는 이내 싫증을 느끼기 때문이다. 예산이 부족할 경우, 여건이 된다면 부담이 안 되는 선에서 학생들에게 보드게임 구매 비용을 분담시킬 수도 있다.

처음 동아리를 시작하는 교사이고, 혼자 동아리를 지도해야 한다면 12명 이내의 학생들을 모집하는 것이 좋다. 12는 3명의 4개 모둠, 4명의 3개 모둠, 6명의 2개 모둠을 구성할 수 있는 숫자이기 때문에 다양한 모둠 활동이 가능하다. 보드게임들이 3~4인용이 많기 때문에 효율적인 운영을 위해서 6인도 가능한 게임들을 준비해 놓는다. 간혹 늦게 오거나 모둠에 끼지 못하게 되어 2명이 남을 수도 있기 때문에 2인용 게임들도 준비해 놓는다. 그리고 동아리를 시작하는 단계에서 게임 구매 시 가장 중요한 점은 비교적 설명이 짧으면서도 플레이는 오래 할 수 있는 게임을 선택하는 것이다. 아래에 구체적인 동아리 운영 실제의 내용을 소개하였다.

보드게임 동아리 운영의 실제 (90분, 초등고학년 12명 기준으로)

주차	운영내용	시간	추천게임
1주	6명 2개 모둠을 구성하고, 2개의 6인 게임을 플레이한다. 비교적 설명이 간단한 [달무티]를 모두에게 설명하고 한 모둠이 플레이를 한다. 바로 다른 모둠에게 [젝스님트]를 설명한다. 중간에 게임을 바꾼다.	45분	달무티
		45분	젝스님트
2주	한 모둠(6명)이 1주차 게임 중 하나를 플레이한다. 다른 모둠(6명)에게 [딕싯]을 설명하고 플레이한다. 중간에 두 모둠의 게임을 서로 바꾼다.	45분	달무티 or 젝스님트
		45분	딕싯

3주	룰 설명이 간단한 4인용 게임을 3개를 준비한다. 설명이 간단한 순서대로 모둠(4명)에게 소개하고 플레이한다. 3개의 모둠이 3개의 게임들은 순차적으로 한 번씩 플레이한다.	90분	젬스톤 블로커스 픽미업
4주	한 모둠(4명)에게 새로운 게임을 알려준다. 나머지 8명은 [달무티], [젝스님트]를 하게 하거나 2개 모둠으로 나눠 4인용 게임을 하게 한다. 새 게임이 마치면 또 다른 모둠(4명)에게 새로운 게임을 알려준다.	45분	다빈치 코드
		45분	달무티 or 젝스님트 3주차의 게임들

4주차까지 진행이 되면, 5주차부터는 매주 새로운 게임을 하나씩 가져와서 한 모둠에게 설명해주고 나머지 학생들은 이전의 게임을 하도록 한다. 형평성을 위해 새로운 게임을 배우는 모둠을 미리 순번을 정해놓아도 좋다. 위 표에 7개의 게임을 소개했는데, 룰이 쉬운 순서대로 추가로 추천하는 새로운 게임들은 다음과 같다. 맨해튼(2~4인), 루미큐브(2~4인), 스플렌더(2~4인), 라스베이거스(2~5인). 더 많은 게임 목록은 글 이후에 나오는 보드게임 목록표를 참고하라.

보드게임 동아리를 구성할 때, 아래와 같이 몇 가지 규칙을 세우는 것이 좋다. 학생들에게 규칙은 답답한 것이라고 느끼게 되지만, 10년 가까이 초중등 학생들과 보드게임으로 만나 본 필자의 경험에 의하면 아래의 규칙들은 함께 즐거운 시간을 보내기 위한 최소한의 약속이라는 점을 상기시켜 줄 필요가 있다. 특히 보드게임 관리를 해야 하는 교사의 입장에서는 보드게임의 작은 컴포넌트 하나라도 분실되지 않도록 잘 신경을 써야 한다. 어떤 게임들은 작은 컴포넌트가 하나 없으면 게임이 진행되지 않은 경우들도 있다. 아래 다섯 가지 사항들이 초등학생들을 대상으로 만든 규칙이라 다소 유치할 수도 있지만, 중고등 학생들의 경우에도 몇 가지 핵심적인 약속들은 미리 세워두는 것이 좋다.

하나, 보드게임은 3~5명이 모여야 진행할 수 있으므로 반드시 동아리 시간을 지키거나 참석하지 못할 경우에는 미리 교사에게 알린다.

둘, 보드게임 플레이를 할 때는 절대 간식을 먹지 않는다. 간식은 반드시 게임을 하지 않고 있는 휴식 시간에 먹어야 하고, 음료수나 과자 부스러기가 종이로 만든 보드게임 카드 및 컴포넌트에 묻지 않도록 한다.

셋, 자신이 이해한 보드게임의 규칙은 잘 지키고, 그 규칙을 어겼을 때에는 약속된 페널티를 받는다.

넷, 게임 도중 다른 친구와의 갈등이 생겼을 때에는 가급적 게임을 하는 그 모둠 안에서 학생들 스스로 해결하고 해결이 어려울 경우에는 교사에게 부탁한다.

다섯, 모둠에서 플레이한 보드게임은 모두가 함께 정리한다. 정리할 때에 잃어버린 컴포넌트가 없는지 확인한다. 플레이했던 게임이 모두 정리되기 전에 다른 새로운 게임을 모둠으로 가져오지 않는다.

어떤 게임이든 게임이 마친 후에는 여건이 되는 대로 피드백의 시간을 갖는다. 먼저 교사가 학생들에게 질문을 하는데, 상황에 따라 아래의 질문 중 몇 가지를 고른다.

하나, 이 게임의 방법을 제대로 숙지했는가?

둘, 승리 조건을 제대로 이해하고 있는가?

셋, 승리를 위해 어떤 기술을 사용해야 하는가?

넷, 이번 게임에서 승리자의 전략은 무엇인가?

다섯, 게임에서 승리자를 방해했던 가장 큰 요인은 무엇인가?

여섯, 자신이 승리하지 못한 이유는 무엇이며, 어떻게 해결해야 하는가?

위 제시된 기본 질문 외에 상황에 따라 교사가 필요한 질문을 미리 정해 두는 것이 좋다. 더불어 질문할 때의 주의할 점은 의도적으로 학습 효과 및 교육적 기능을 유도하는 질문을 피해야 한다는 점이다. 학생들은 게임을 통해서 오직 즐거움을 찾길 원한다. 따라서 교사의 교육 의도가 드러날 때 학생들의 재미는 반감된다. 보드게임이 일반 교구와 다른 점은 교사 중심의 교육 효과를 강요하지 않아도 학생들은 게임을 통해 자발적으로 학습이 이뤄진다는 점이다. 이럴 때 교사는 질문을 던지고, 학생 스스로 교육적 효과가 무엇인지 말해야 한다.

보드게임 제작 활동

1) 창작놀이 만들기 대회

2010년 필자(박광제)가 처음 보드게임 동아리를 만들었던 학교는 성남시 분당구에 있는 한 초등대안학교였다. 그 시기는 보드게임이 학생들의 창의력과 온라인 게임에 대한 대안 놀이로 부각이 되던 시기였다. 처음 몇 년은 동아리 형태로만 학생들이 보드게임을 접할 수 있었다. 나중에 한 선생님이 수학 시간에 보드게임을 활용하기 시작했다. 그러자 전교생 200명이었던 학교 안에서 한마디로 보드게임의 붐이 일기 시작했다.

몇몇 선생님들과 함께 여름방학 기간을 이용하여 가족들이 함께 참여하는 창작놀이 만들기 대회를 시작했다. 방학 동안 학생들이 가족들과 함께 보드게임을 개발하여 프로토타입을 제작하여 개학 날 가져오면, 학생들의 인기투표와 교사들의 심사 등을 거쳐 창의적인 게임을 만든 가족에게 시상을 하였다. 학년별로 개학과 함께 자신이 또는 친구들이 만든 게임을 즐겼다. 이때 처음으로 보드게임은 더 이상 수동적인 소비가 아니라 적극적인 생산도 가능하다는 것을 깨달았다. 이 학교의 창작 놀이 만들기대회는 지금까지도 주요한 학사일정 중 하나로 이어지고 있다.

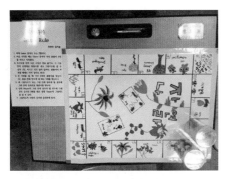 

여름방학 가족들과 함께 식물과 곤충을 소재로 하여
만든 창작 보드게임 '자연나라'
초등학생이 직접 그린 일러스트가 인상적이다.

개학 후, 자신이 만든 창작 보드게임을
친구들과 함께 즐기고 있다.

2) 보드게임을 활용한 수행평가

필자(박광제)는 2013년 용인시 수지구에 있는 중고등대안학교로 근무지를 옮겼다. 전근과 동시에 교내 보드게임 동아리를 시작했다. 2015년 이후로는 다른 선생님들이 동아리를 담당하고 있는데, 해마다 학생들이 늘어 2018년에는 가장 많은 학생들이 참여하는 동아리가 되었다. 보드게임 동아리가 활성화된 이유 중 하나는 여러 교사들이 함께 보드게임 동아리를 고민하고 연구했다는 점이다. 게임 구매의 재정 문제는 신청 학생들의 자발적인 회비를 통해 해결했다. 보드게임 동아리가 학기마다 성장하는 동안 수업에서는 수행평가를 통해 보드게임을 즐기는 것에서 제작하는 것으로 한 단계 높은 길에 들어섰다. 처음에는 기존의 보드게임을 먼저 플레이해보고, 그 게임의 메커니즘(게임의 작동 원리)을 그대로 살리고 수행평가에 맞는 주제로 게임의 테마를 바꿔보는 것이었다. 가장 쉬운 게임이 세계사 테마로 구성된 '타임라인'이다. 이 게임의 규칙은 매우 단순하다. 카드에 적힌 세계사의 주요 사건이나, 발명, 발견 등을 시대순으로 배열을 하는 것이다. 수학사, 문학사, 음악사, 미술사 등 대부분의 교과마다 역사의 흐름이 있다. 이 흐름을 그대로 살려 '타임 라인'이라는 게임 메커니즘에 그대로 접목하는 것이 가능하다. 기독교 학교에서 성경을 가르치는 필자는 학생들의 수행평가로 '바이블 라인' 게임을 모둠별로 제작하게끔 했다. 모둠별로 게임을 완성하기 위해 함께 성경 속 인물이나 사건들의 연대를 알아보고, 그것을 조사하는 과정을 통해 자연스레 학습이 이뤄졌다.

3) PBL 수업을 통한 보드게임 제작

프로젝트 수업에서는 더욱 다양한 형태의 창작 보드게임들이 탄생하게 되었다. 학생들마다 관심 있는 직업영역들 속에서 발생하고 있는 문제들을 조사하고 그것들을 해결하는 솔루션 및 실천 또는 캠페인을 기획하는 PBL(Project Based Learning, 프로젝트 기반 학습) 수업을 9학년 학생들과 진행했다. 한 학기 동안 진행된 이 수업의 결과물의 형식은 학생들이 가장 잘 표현할 수 있는 것으로 자율에 맡겼다. 노래를 좋아하는 친구들은 직접 작사, 작곡을 하여 자신이 말하고자 하는 메시지를 담아 유튜브에 업로드했고, 다른 학생은 한 포털사이트 웹 소설에 소설을 연재하기도 했다. 학생들은 다양한 방법들로 자신의 메시지를 전달했는데, 그중 보드게임을 만든 모둠도 있었다.

이 학생들은 지구온난화로 인해 남극대륙이 사라지면서 펭귄들이 거주지가 줄어들고 있다는 메시지를 담은 보드게임을 만들었다. 학생들이 직접 남극대륙의 펭귄들이 어떤 위험에 직면해 있는지를 조사하고, 그것을 배경으로 게임을 기획했다. 직접 보드판을 꾸

미고 수차례 테스트 플레이를 진행하면서 룰을 조정하는 작업을 거쳤다. 남극대륙을 지켜야 한다는 처음의 주제(기능)가 상대방의 얼음을 없애는 경쟁시스템(구조)으로 인해 심각하게 훼손(?)되긴 했지만, 이 또한 학생들은 사라지는 펭귄들에게 대한 경각심을 주기 위한 것이라고 했다. 보드게임으로 남극 펭귄의 실상을 알린 학생들은 이미 보드게임 동아리를 통해 여러 보드게임을 경험해 보았다. 여러 게임을 해 본 경험을 살려 자신들만의 새로운 보드게임을 만들게 된 것이다.

학생들이 직접 리서치를 한 자료를 바탕으로   완성된 보드게임 '남극 펭귄 살리기 프로젝트'
스토리 라인을 만들고 게임을 기획하고 있다.

4) 보드게임 제작 수업

현재 근무 중인 학교에서는 주중 하루는 학생들이 자신에게 맞는 배움을 직접 선택하도록 2018년부터 수요일 하루 전체 수업을 학생 자율 선택으로 진행하고 있다. 선택형 수업들은 교사들이 개설할 수도 있고, 학생들이 직접 개설하고 담당 교사를 세울 수도 있다. 동아리에서 만난 학생들의 요청으로 90분짜리 '보드게임 제작 수업'이 개설되었다. 5명의 학생들이 신청을 했고 이 글을 쓰는 시점에 한 모둠은 프로토 타입까지 완성을 했다.

이 수업은 프로토 타입에 머무는 것이 아니라 게임의 완성도가 있을 경우, 시제품까지 만들 계획으로 시작되었다. 프로토 타입에서 시제품으로 가기까지에는 더 많은 시간과 노력, 그리고 비용이 필요하다. 무엇보다 중요한 것은 시제품으로 제작했을 때에 소비자들의 만족을 채울 수 있는지 면밀한 판단이 필요하다는 점이다. 이 수업을 개설한 교사로서 바라는 것은 학생들이 직접 클라우딩 펀딩을 통해 시제품을 제작하고 직접 회사를 설립하여 판매 및 유통을 직접 해 보는 것이다. 보드게임 제작을 통해 직업교육, 창업 교육, 경제교육까지 학생들의 직접 경험으로 살아있는 교육이 가능하다.

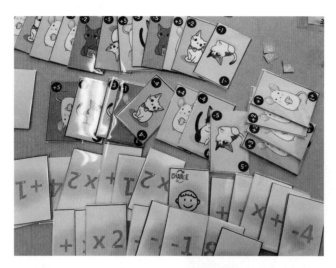

가칭 '고양이와 쥐'의 프로토 타입. 보드게임 제작 수업을 통해 학생들이 직접 제작한 게임이다. 덧셈, 뺄셈, 곱셈의 연산과 다양한 게임의 변수를 이용하여, 가장 작은 수나 큰 수를 만들어서 더 많은 치즈를 차지하는 사람이 승리하는 게임이다.

수업 주제에 따른 보드게임 목록

보드게임 강의를 하다 보면 자신의 학생들 또는 자녀를 위한 보드게임을 추천해 달라는 요청을 받는다. 두 가지 이유 때문에 답변하기가 쉽지 않다. 하나는 필자가 그 학생들과 자녀들에 대한 이해가 전혀 없다는 것이다. 같은 또래 학년이라도 학생들의 성향에 따라 선호하는 게임은 너무나도 다양하다. 그리고 어떤 친구와 게임을 하냐에 따라 좋아하는 게임도 싫어질 수도 있고, 그 반대의 경우도 일어난다. 또 다른 하나는 너무나 많은 보드게임이 존재하기 때문에 몇 가지 게임들로 한정하기가 어렵다는 점이다.

아래의 표는 2010년부터 학생들과 동아리를 통해 때로는 수업을 통해 활용했던 보드게임들, 그리고 2015년 보드게임 교육연구회를 설립하고 나서 각종 연수나 교육 활동을 통해 교사들에게 또는 학부모들에게 좋은 반응을 얻었던 게임들을 교과목 또는 수업 주제로 정리한 것이다. 연령대 기준을 초등 고학년으로 둔 것은 피아제(Piaget)의 인지 발달단계에서 형식적 조작기의 대략적인 나이에 따른 것이다. 전략적 요소가 있는 보드게임들은 피아제의 설명대로 구체적이지 않은 개념에 대해서도 체계적인 설명과 추상적인 사고가 가능한 단계가 되어야 이해할 수 있는 것들이 많다.

	초등 저학년 이상	초등 고학년 이상
순발력	6도블, 픽미업, 폴드잇, 크로싱, 숲속의음악대, 할리갈리, 클라스크. 패스트랩	
손기술	피사의탑, 젠가, 닥터유레카, 젬스톤, 아이스쿨, 루핑루이, 펭귄트랩, 뒤죽박죽서커스, 플라잉팬케이크, 슈퍼라이노, 하이다이브, 텀블링몽키	
암기력	치킨차차, 마법의미로, 펭글루, 고피쉬 시리즈	
도형	정글스피드, 블로커스, 젬블로	핏츠, 우봉고
공간 능력	스택시스, 텀플, 라비린스, 슬라이드뱅뱅뚝딱뚝딱개미집, 꽉잡아하비, 3D사목	카르카손, 스위시, 사보타지, 라보카, 마라케시, 큐피드, 넘버9
그림(이미지)	텔레스트레이션, 이매진	딕싯, 듀플릭가짜예술가뉴욕에가다
생산, 교역	부루마블, 모노폴리, 카탄키즈, 미니빌, 보난자	카탄, 스파이시머천트, 임호텝아그리콜라, 푸에르토리코, 7원더스
사회, 지리, 역사	티켓투라이드키즈타임라인, 카드라인지리편	길드홀, 티켓투라이드, 도미니언, 문명
수열, 연산	스트림즈, 루미큐브, 마헤, 달무티 파라오코드, 잭스님트, 카드라인동물편	로스트시티, 어콰이어
확률	다빈치코드, 펭귄 파티, 캔트스탑, 벼룩서커스,	LOOT, 하타리, 아브라카왓라스베가스.
추리, 전략	우노, 배틀쉽, 헬프미, 슈퍼미니 맨해튼, 레인보우7	스플렌더, 센추리, 러브레터, 아줄, 사그라다. 셜록13, 클루, 시타델
코딩 프로세스	로보터틀, 마이크로로봇, SET	코드마스터, 엔트리봇, 프로봇 리코셔로봇, 시그널, 콜트익스프레스
단어 연상 스토리텔링	테마틱(한글), 스크래블(영어) 블리츠, 하트하트, 왓칫잇투야	딕싯(말하기), 파블라(스토리 만들기) 코드네임(단어연상)
협동, 협력	더게임, 하나비	팬데믹, 포비든데저트, 병사들의귀향
심리, 속임수	* 게임 중 거짓말 또는 속임수를 써야 하기 때문에 권하지 않습니다.	차오차오, 바퀴벌레포커,모던아트, 두부왕국

수업 보드게임의 발전 가능성

보드게임은 독서처럼 읽고, 쓰고, 말로 표현하는 등 리터러시(Literacy, 문해력) 작업이 가능하고, 온라인 게임 못지않게 몰입도가 뛰어나다. 또한, 모둠을 통해 진행되기 때문에 협동 학습의 기능도 가진다. 최근 분별력과 절제력이 부족한 학생들의 온라인 게임에 대한 폐해가 많이 드러나고 있다. 아날로그적인 감성을 자극할 수 있는 보드게임을 교육적 도구로써 활용한다면 놀이와 학습을 잘 조화시킨 다양한 교육 방법들을 개발할 수 있을 것이다. 더 나아가 '보드게임 리터러시'라는 새로운 영역의 연구가 필요하다. 그만큼 보드게임은 그 종류와 형태가 다양하다.[6]

오랫동안 우리는 아이들의 게임을 경시해 왔다. 게임은 그냥 의미 없는 장난이거나 하찮은 시간 때우기 활동이라고 생각했다. 하지만 보드게임은 누가, 언제, 어디서, 누구와 하는가에 따라 매우 다른 의미의 것이 되기도 한다. 2012년 필자는 독일 보드게임 박람회에 참여했다가 이웃 나라 네덜란드를 여행했다. 수도 암스테르담에 있는 안네 프랑크(Anne Frank, 1929-1945)의 은신처를 방문했는데, 거기서 안네가 함께 은신했던 사람들과 보드게임[7]을 즐겼다는 사실을 알게 되었다. 적어도 안네에게 있어 보드게임을 즐기던 그 순간만큼은 무한한 자유와 상상을 누리는 시간이 되었을 것이다.

지금 우리의 아이들은 놀이가 사라진 시대에 살고 있다. 아이들에게는 학원이 놀이터가 되었고, 과외교사가 친구가 되었다. 놀이를 통해 사회성을 배워야 할 시기에 이미 이들은 경쟁 사회를 살고 있는 것이다. 경쟁 사회는 승패에 따라 돌이킬 수 없는 결과를 낳는다. 어른들은 이것이 두려워 아이들에게 더 많은 학업으로 경쟁 사회 속에서 살아남으라고 다그친다. 결국 아이들의 놀이는 아이들의 삶 속에서 사라졌다. 하지만 놀이는 아이들의 본능이고, 생존의 기술이다.[8] 그리고 인간 발달을 보여주는 최상의 표현이다.[9]

---

6) 매년 10월 독일 에센에서 열리는 전세계 게임 박람회 SPIEL에서는 매년 1,000여 개 이상의 보드게임들이 새롭게 소개된다. SPIEL은 독일어로 '게임'이라는 의미를 지니고 있다. 2012년에는 약 14만 명의 게임 관계자와 방문자가 참여했다. 유럽에서는 한국과 달리 온라인 게임이 아니라 보드게임이 게임을 대표한다.

7) [Game of Goose]라는 게임으로 고대 이집트 왕국에서부터 전해져 내려오는 고전적인 게임이다. 16세기 이탈리아 메디치의 프란체스코(Francesco de Medici)가 이 게임의 사본을 스페인의 왕 펠리프 2세에게 선물로 보내면서 유럽에서 가장 인기 있는 게임이 되었다.

8) 놀이에는 아이들의 본능이 숨겨져 있습니다. 그리고 본능은 생존의 기술입니다. 놀이가 사라진 아이들의 삶. 어쩌면 우리는 아이들의 본능을, 생존의 기술을 빼앗고 있는지도 모릅니다. (출처 : EBS 다큐멘터리 〈놀이의 반란〉)

9) "놀이는 아동기 인간 발달을 보여주는 최상의 표현이다. 놀이를 통해 아이의 영혼에 있는 것이 자유롭게 표현되기 때문이다." - 프리드리히 프뢰벨

전체 삶 가운데 어쩌면 인간으로서 가장 필요한 것을 배우는 시기를 통째로 잃어버린 아이들을 그냥 보고만 있을 것인지 기성세대들은 스스로 자문해 보아야 할 것이다.

제4부
수업 보드
게임의 실제

10장.
질문으로 생각과 관계를 여는 질문 카드 및 질문 보드게임 활용법

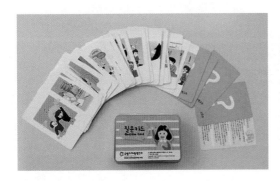

질문 카드란 질문 목록을 카드에 기록하여 다양한 질문을 통해 서로의 생각을 이야기할 수 있도록 고안된 카드이다. 질문 카드 앞쪽에는 상황 이미지 카드로 되어 있다. 다양한 상황을 제시한 이미지를 통해 비유 대화 활동(포토 스탠딩)을 할 수 있도록 하였다. 질문 카드 뒤쪽에는 '나'를 주제로 자기를 성찰하거나 다른 사람에게 자기 소개할 수 있는 다양한 질문들이 있다.

질문 보드게임은 질문 카드(코팅 카드)에 직접 다양한 질문을 쓰고, 사각형(부루마블) 놀이판 위에 질문 카드를 올려놓고, 주사위나 선택 돌림판을 활용하여 말을 이동하여 다양한 질문 놀이를 할 수 있도록 고안된 일종의 DIY형(Do-It-Yourself, 자기 제작물) 보드게임이다. 질문 보드게임은 자기소개를 하거나 서로의 삶을 나눌 수 있지만, 수업과 관련하여 복습 활동으로 활용할 수 있다. 카드 앞쪽에는 퀴즈 문제를 기록하고 뒤쪽에는 정답을 기록하여 재미있는 퀴즈 활동으로 활용할 수 있다. 또한, DIY형 보드게임이기에 다양한 목적과 방법으로 활용할 수 있어서 활용도가 높은 보드게임이다. 또한, 보드판 뒤쪽에는 코팅 자석판으로 되어 있어서 모둠 칠판으로 활용할 수 있게 제작되었다.

질문 카드와 질문 보드게임은 원래 다르게 개발된 것들이지만 기본 콘셉트가 비슷하기에 이 둘을 함께 활용하면 보완이 될 수 있어서 좋다. 그래서 이번 장에서는 질문 카드와 질문 보드게임을 함께 소개하고자 한다.

01

질문 보드게임

- "질문 보드게임을 활용하여 서로 소개하거나 복습해 봐"

- 핵심 아이디어 : 서로에 대한 질문으로 질문 보드게임을 통해 소개하고 서로를 알아갈

  수 있다. 또한, 퀴즈 게임을 통해 학습 내용을 확인할 수 있다.

- 진행 단계

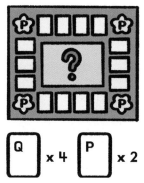

① 교사가 모둠별로 질문 보드게임 세트를 배부한다. 모둠원은 Q(Qustion)카드 4장, P(Post)카드 2장을 가진다.

② 교사가 주제를 제시하면 모둠원은 그 주제에 맞는 질문을 4개씩 만들어 Q카드에 기록한다.
③ P카드에는 간단한 미션을 기록한다.
　예 인사하기, 안마하기, 사랑의 하트 날리기, 우스꽝스러운 표정 짓기 등
④ Q카드를 질문 보드판 위에 놓고 P카드는 카드 더미 형태로 쌓아 놓는다. 각자 말은 자기 자리에서 가까운 위치의 귀퉁이(Post)에 올려놓는다.

⑤ 첫 번째 학생이 주사위를 던져 나온 숫자만큼 오른쪽이나 왼쪽으로 간다. 이때 말의 이동 방향은 오른쪽이든 왼쪽이든 자유롭게 이동할 수 있다.

⑥ 주사위를 던진 학생이 해당 질문을 읽고 그에 대한 답을 말한다.

예 "'가장 좋아하는 음식이 있다면?'을 뽑았는데요. 저는 수제비를 가장 좋아합니다. 아마 할머니랑 함께 수제비를 만들고 먹던 추억 때문인 것 같아요. 수제비를 먹으면 맛도 좋지만, 할머니가 생각나서 더 좋아요."

⑦ 두 번째 학생이 위와 같은 방식으로 주사위를 던져 해당 질문에 대한 이야기를 나눈다. 이때 귀퉁이(Post)를 지나칠 때마다 P카드를 열어 해당 미션을 수행한 뒤, Q카드의 질문을 읽고 그 대답을 한다.

⑧ 활동이 마치면 전체적으로 친구에 대해 새로 알게 된 사실이라거나 느낀 점을 발표하게 한다.

• 유의사항

- 활동 시간은 15~20분 정도 제한 시간을 사전에 정해 제시할 수도 있고, 3바퀴 등 횟수로 제시할 수도 있다.

- 진지하게 하는 활동이니 분위기가 소란스럽지 않도록 유의시킨다.

- 서로 소개하기 활동으로 진행하는 경우, 승자와 패자를 나누는 활동은 아니다.

하지만 복습하기 활동으로 하는 경우, 점수에 따라 보상을 실시할 수 있다.

- 주제에 맞는 질문을 만들기가 다소 어려울 수 있으니 예시를 제시하는 것도 좋다.

- 미션을 만들 때 상대방을 기분 나쁘게 하는 행동이나 과한 행동이 되지 않도록 주의를 준다.

- TIP

  - 모둠원 각자에게 서로 다른 주제를 주고 질문을 만들 수 있다.

  (주제 예) 인간관계, 관심사, 진로, 가족, 자기 관리, 감정, 가치, 기타

  (세부 질문 예) "인간관계" : 가장 친한 친구가 있다면?, 가장 스트레스를 주는 사람이

  있다면?

  나에게 힘이 되는 사람이 있다면? 자신의 인간관계 스타일은?

  친구를 만드는 방법이 있다면?

  "관심사" : 요즘 시간이 날 때 가장 많이 하는 것은? 추천해주고

  싶은 책이 있다면?

  가장 좋아하는 음식이 있다면? 잘하는 운동이 있다면?

  하고 싶은 공부가 있다면?

  - 기존 질문 카드와 함께 활용할 수 있다. 즉, 학생들이 직접 질문을 만드는 것이 아니라 질문 카드를 활용하여 질문 카드에 나와 있는 질문을 가지고 이야기 활동을 하는 것이다. 짧은 시간 안에 활동하거나 처음 활동할 때는 이러한 방법도 좋다.

  - 복습하기 활동으로 질문 보드게임을 진행할 수 있다. 이 경우, 학습한 내용을 토대로 퀴즈 문제를 Q카드에 기록하고 퀴즈 정답을 Q카드 뒷면 A카드에 기록한다.

  예 "물과 같이 무엇을 녹이는 물질을 무엇이라고 하는가?" ⇒ "용매"

  "분해자의 예를 3개 든다면?" ⇒ "곰팡이, 버섯, 세균"

  "3·1 운동은 미국의 탄압에서 벗어나고자 일어난 운동이다." ⇒ "×"

  주사위를 던져 말이 이동한 Q카드의 퀴즈 문제를 읽고 정답을 말한 다음 카드 뒷면 A카드에 기록한 정답을 확인하여 정답을 맞힌 경우, 해당 카드를 가져갈 수 있도록 한다. 오답인 경우는 다시 카드를 퀴즈 문제가 기록된 Q카드가 보이도록 카드를

올려놓는다. 그래서 다른 학생이 그 카드 문제를 알아맞힐 기회를 가질 수 있다. 활동이 마친 후 Q카드를 가장 많이 모은 학생이 승자가 된다.

- 책 수다 활동으로 진행할 수 있다. 즉, 책을 읽고 책 내용을 기반으로 질문을 만들어 질문 보드게임 활동을 하는 것이다.
- 질문 보드게임 세트가 없는 경우, 질문 카드 대신 접착식 메모지(포스트잇)를 사용할 수 있고, 주사위 대신 스마트폰 주사위 애플리케이션이나 선택돌림판 등을 활용할 수 있다.

- 개발자 / 참고 문헌
  - 김현섭, 오정화
  - 김현섭(2016), 「질문이 살아있는 수업」, 수업디자인연구소

02
이야기 만들기

- "질문 카드(이미지 카드)를 활용하여 모둠 안에서 돌아가며 이야기를 만들어 봐"
- 핵심 아이디어 : 모둠 안에서 모든 친구들의 이야기를 경청하며 뒷이야기를 상상하여 이야기한다.
- 진행 단계

① 교사가 모둠원에게 각각 질문 카드 뒷부분(이미지 카드)이 보이도록 5장의 카드를 준다.

② 모둠원 중 한 명이 뒷면의 이미지 카드 한 장을 내려놓으며 이야기를 만들어 이야기한다.
　예 "난 내일 시험이라서 도서관에서 열심히 공부하고 있었다. 그런데 도대체 수업 내용이 기억나지 않아 너무 짜증이 났다."

③ 오른쪽에 있는 모둠원이 자신이 가진 이미지 카드 중 하나를 처음에 내려놓은 카드 옆에 놓으며 이야기를 지어 말한다.
　예 "사실 난 어릴 때부터 엄마 말을 잘 듣는 아이였다. 그런데 사춘기가 오면서 엄마가 하라는 공부를 안 하고 놀기만 하였더니 성적이 많이 떨어졌다. 차라리 꼭두각시 같은 옛날이 나았을까?"

④ 위와 같은 방식으로 돌아가며 이야기를 만들고 각 카드를 일렬로 순서대로 놓는다.

⑤ 희망하는 모둠이 우리 모둠에서 만든 이야기를 전체 학생들에게 발표한다.

- 유의사항
  - 모든 학생의 이야기를 잘 경청할 수 있도록 하고, 내용의 연결이 자연스럽게 진행될 수 있도록 지도한다.
  - 이야기를 만들 때 주인공이나 등장인물의 감정까지 말하도록 한다.
  - 이야기의 시점이 변하지 않도록 한다.
    - 예 '나는'이라고 시작하면 모두 그렇게 1인칭 시점으로 이야기를 만들어 가야 함. '철수라는 아이가 있었어요'라고 시작하면 모두가 철수를 주인공으로 해서 3인칭(작가)시점으로 가야 함.
  - 맨 첫 학생이 주인공을 정할 수 있다. 다른 사람들이 인물을 새로 등장시킬 때는 주인공과의 관계를 설정해줘야 한다.

- TIP
  - 모둠에서 만든 이야기 내용을 바탕으로 글을 써보도록 하는 활동과 연계할 수 있다.
  - 질문 카드(이미지 카드)가 없는 경우, 빈 카드에 단어만 제시하고 기록하여 활동할 수 있다.

- 개발자 / 참고 문헌
  - 김현섭 외(2012), 「협동학습1」, 한국협동학습센터

03

내 마음을 맞혀봐

- "내가 고른 질문 카드(이미지 카드)를 활용하여 내 마음을 맞혀 봐"

- 핵심 아이디어 : 모둠 안 또는 전체 학급에서 질문 카드(이미지 카드)를 이용해 나의 기분과 상황을 적절히 이야기한다.

- 진행 단계

  ① 질문 카드 뒷부분(이미지 카드)이 보이도록 카드를 책상 위에 펼쳐 놓는다.

② 각자 현재 자신이 처한 상황이나 마음 상태와 연관된 그림을 고른다.

③ 첫 번째 학생이 자신이 고른 이미지 카드를 다른 모둠원(학급 구성원)들에게 보여준다.

④ 다른 모둠원들은 그림을 보고 첫 번째 사람의 기분이나 상황을 추측해서 말하게 한다.
예 "곧 방학이니 어디로 놀러 갈지 여행지를 고르는 행복한 고민에 빠진 것 같아요"
"마음 맞는 친구들과 수다를 떨며 스트레스를 풀고 싶은 마음인 것 같아요"

⑤ 첫 번째 학생은 나머지 모둠원들의 추측 내용을 다 들어본 후 자기의 상황이나 마음 상태가 구체적으로 어떠했는지 이야기한다.
예 "최근 친한 친구끼리 갈등이 있었는데, 누구 편을 들어야 할지 난감한 상태예요."
"이것저것 할 일이 많아서 정신이 없어요. 내가 두 명이 되었으면 좋겠어요. 이미지에 나온 두 명의 사람이 이것저것 바쁘게 일하는 모습이 내 모습 같아 이 이미지 카드를 뽑았습니다."

⑥ 위와 같은 방식으로 돌아가며 이야기한다.

● 유의사항

  - 너무 사적인 이야기(비밀스러운 이야기)는 지양하도록 한다.

  - 자신의 근황을 다른 학생들이 이해할 수 있도록 하고, 너무 짧게 말하지 않게 한다.

  - 이야기를 서로 경청할 수 있도록 한다.

● TIP

  - 활동 후 질문 카드를 활용한 '내가 좋아하는 질문' 활동과 연계할 수 있다.

● 개발자 / 참고 문헌

  - 김현섭, 오정화

04

내가 좋아하는 질문

- "질문 카드를 활용하여 내가 좋아하는 질문을 골라 이야기해 봐"

- 핵심 아이디어 : 모둠 안 또는 학급 전체에서 질문 카드를 이용해 내가 좋아하는 질문을 선택하여 이야기한다.

- 진행 단계

① 모든 질문 카드를 책상 위에 펼쳐 놓는다.

② 모둠원 각자가 자기가 좋아하거나 의미 있다고 생각하는 질문을 1장씩 선택한다. 이때 먼저 질문 카드를 선택한 사람이 해당 질문 카드를 가질 수 있다.

③ 첫 번째 학생이 자기가 고른 질문 카드의 선택 이유와 그 질문에 대한 답변을 이야기한다.
　[예] "내 걱정거리는 주로 어떤 것인가? 라는 질문을 뽑았는데요. 사실 요즘 걱정은 성적입니다. 열심히 공부를 해도 노력한 만큼 성적이 오르지 않고 있어요. 그러다보니 자연스럽게 자신감도 잃어가고 있구요. 내 생각 대부분을 차지하는 걱정거리를 명확하게 해주는 것 같아 이 질문을 뽑았습니다."

④ 위와 같은 방식으로 돌아가며 자기가 선택한 질문 카드를 활용하여 자기 이야기를 한다.

- 유의사항

　- 질문에 대한 답변을 충분히 진지하게 말하도록 분위기를 조성한다.

● TIP

   - 먼저 자기의 근황 이야기를 하고 나서 나머지 모둠원들이 질문 카드를 1장씩 선택하여
     제시할 수 있다. 그래서 그 중 마음에 드는 질문 카드를 선택하여 해당 이야기를 할
     수 있다. 이 경우, 뽑힌 질문을 제시한 사람에게 보상이나 점수를 줄 수 있다.

● 개발자 / 참고 문헌

   - 김현섭, 오정화

05

캐릭터 인터뷰

- "질문 카드를 활용하여 상상 속의 캐릭터를 구체적으로 만들어 인터뷰 활동을 해 봐"

- 핵심 아이디어 : 질문 카드를 활용하여 상상 속의 캐릭터를 구체화하여 인터뷰 활동을
  한다.

- 진행 단계

① 모둠원 각자 상상 속 캐릭터에 대한 기본 정보를 적어본다.(이름, 성별, 직업, 성격 등)

② 첫 번째 학생이 자신이 만든 캐릭터를 소개한다.
  예) "이 사람은 남자이고 20대이며 이름은 박동해입니다. 직업은 야구 선수고 성격은 야구 선수답지 않게 매우 소심하고 내성적입니다."

③ 나머지 모둠원이 첫 번째 학생이 만든 캐릭터에 대해 궁금한 내용의 질문 카드를 제시한다.

④ 첫 번째 학생은 자신이 만든 캐릭터가 되어 그 질문 중 한 장을 골라 그 질문에 대하여 이야기한다.

　㉖ "'내가 두려워하는 것은?'이란 카드를 뽑았는데요. 이 박동해가 가장 두려워하는 것은 야구를 못 하게 되는 것입니다. 아주 어렵게 야구 선수를 하게 됐거든요."

⑤ 위와 같은 방식으로 돌아가며 자기가 만든 캐릭터에 대해 질문하고 이야기한다.

⑥ 이 활동을 바탕으로 상상 속 캐릭터를 구체화하여 그림으로 그려보게 한다.

- 유의사항　　- 캐릭터의 기본 정보는 변하지 않고 일관성이 있도록 안내한다.

　　　　　　- 학생들이 충분한 상상력을 발휘할 수 있도록 유도한다.

- TIP

　- 이 활동 후 짧은 이야기를 만들거나 간단한 만화 그리기 활동으로 연결하면 좋다. 이 경우, 교사가 주제를 정해 주어도 좋다.

　　㉖ 우정, 사랑, 갈등, 학교폭력, 공부, 꿈, 여행 등등

　- 짧은 이야기 짓기를 할 때는 첫 문장 정도는 예시를 해주는 게 좋다.

　　㉖ "사실 오늘은 내 생일이다.", "그 애도 날 좋아할까?", "꼭 공부를 해야 하는 것일까?", "비행기 창문 너머 그곳이 보인다." 등등

- 개발자 / 참고 문헌

　- 김경연

11장.
재미있는 독서 활동을 위한
독서 질문 카드(책 속의 보물을 찾아라) 활용법

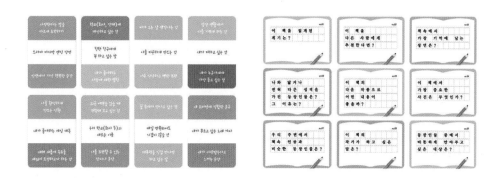

독서 질문 카드는 독서 사전 활동으로 할 수 있는 '책 속의 보물을 찾아라' 활동을 할 수 있는 앞면과 독서 사후 활동으로 다양한 질문을 통해 독서 소감 이야기를 할 수 있는 뒷면으로 이루어진 카드이다. 독서 질문 카드는 독서 사전 및 사후 활동으로 독서 교육을 더욱 풍성하게 할 수 있도록 고안되었다.

일반적으로 독서 질문 유형은 책 내용과 관련한 기초 지식을 확인하는 사실 질문, 책 내용을 다양하게 이해하고 바라볼 수 있는 해석 질문, 책 내용을 종합하거나 비판적으로 바라볼 수 있는 평가 질문, 책 내용을 토대로 창의적으로 상상할 수 있는 상상 질문 등이 있다. 그런데 실제 독서 수업 시 사실 질문이나 해석 질문은 자주 사용하지만, 상대적으로 평가 질문이나 상상 질문은 잘 사용하지 못하는 경우가 많다. 그래서 독서 질문 카드 개발 시 주로 사실 질문보다는 해석, 평가, 상상 질문을 초점을 두어 독서 질문 카드를 개발하였다.

'책 속의 보물을 찾아라' 활동은 기상천외한 질문 중 마음에 드는 질문을 골라 이야기하는 활동이다. 즉, 다양한 질문 중 마음에 드는 질문을 선택하여 말하면 나머지 사람들이 자기가 가지고 있는 책 내용 중에서 그 질문에 맞는 단어나 문구를 말하는 게임이다. 방법은 단순하지만 재미가 있어서 손쉽게 활용할 수 있는 활동이다. 이 활동은 '당신의 책을 가져오세요'라는 보드게임을 토대로 개발된 활동이다.

01
책 속의 보물을 찾아라 (독서 전 활동)

- "기상천외한 질문에 맞는 적절한 대답을 내 책에서 찾아 봐"
- 핵심 아이디어 : 이상한 질문 카드를 활용하여 자기 책에서 적절한 대답을 찾아 이야기해 볼 수 있다.
- 진행 단계

  ① 모든 학생들은 자기가 원하는 책을 1권씩 선택한다.

② 한 학생이 '책 속의 보물을 찾아라' 카드를 무작위로 한 장 고른다. 해당 카드에는 기상천외한 질문 3가지가 기록되어 있다.
(질문 예) 드라마 엔딩 장면, 내가 부르고 싶은 노래 가사, 온라인 쇼핑몰 사용 후기 댓글 등)

③ 3가지 질문 중 마음에 드는 질문 1가지를 선택하여 전체 학생들에게 이야기한다.
④ 나머지 학생들은 자기가 가지고 있는 책 내용을 살펴서 그 질문에 적합하다고 생각하는 단어나 문구를 찾는다.

⑤ 질문에 맞는 답변을 찾은 학생이 "찾았다!"라고 외치면 나머지 학생들은 외친 시간을 기준으로 1분 동안 답변을 찾도록 한다.

⑥ 각자가 찾은 답변을 돌아가며 말한다.

⑦ 다양한 답변 중 질문을 제시한 학생이 가장 마음에 드는 답변을 말하고 그 카드를 그 학생에게 선물로 준다.

⑧ 위와 같은 방식으로 돌아가며 활동을 한다.

⑨ 활동 이후 가장 많은 카드를 모은 학생이 승리한다.

• 유의사항

  - 책이 많이 있는 도서실이나 도서관 교실에서 활동하면 좋다.

  - 책 선택 시 가급적 문학 관련 책을 할 수 있도록 한다. 왜냐하면 문학 관련 책 안에서 다양한 대답을 찾을 수 있기 때문이다.

  - 1분 시간을 정확하게 지킬 수 있도록 타이머를 활용하면 좋다. 만약 답변을 말하지 못하면 그냥 통과하면 된다.

  - 승리한 학생에게 간단한 선물이나 보상을 줄 수도 있다.

• TIP

  - 적절한 답변을 찾은 학생이 "찾았다!"라고 외치면 나머지 학생들이 1분 안에 자기가 찾은 답변을 말할 수도 있다.

  - 책이 없는 경우, 해당 질문에 적절한 답변을 자유롭게 말할 수도 있다.

  - '책 속의 보물을 찾아라'에 나온 질문을 가지고 자유 글쓰기 소재로 활용할 수 있다.

• 개발자 / 참고 문헌

  - 당신의 책을 가져오세요(Bring Your Own Book, 2015)

  - 보드게임 교육연구회 보이다

02

독서 질문 카드 (독서 후 활동)

- "독서 질문 카드를 통하여 내 생각을 자유롭게 말해 봐"

- 핵심 아이디어 : 독서 질문 카드를 활용하여 자기의 생각을 자유롭게 이야기할 수 있다.

- 진행 단계

  ① 모든 학생이 책을 읽는다.

② 모둠별로 독서 질문 카드를 카드 더미 형태로
책상 위에 쌓아 놓는다.
(독서 질문 예 "이 책의 제목을 보고 처음 들
었던 생각은?", "이 책을 읽고 관심을 가지게
된 분야가 있다면?", "내가 만약 주인공이라
면?", "주인공에게 주고 싶은 선물과 그 이유
는?" 등)

③ 학생이 독서 질문 카드 중 무작위로 한 카드를
선택하여 해당 질문을 읽고 그 질문에 대한 자
기의 생각을 말한다.
④ 위와 같은 방식으로 돌아가며 이야기한다.

- 유의사항

  - 우선 독서 활동이 잘 이루어져야 사후 활동으로서 독서 질문 카드 활동이 원활하게
    진행될 수 있다. 그러므로 독서 활동이 잘 이루어지도록 운영해야 한다. 해당 책을
    참고하면서 이야기할 수도 있다.

  - 만약 무작위로 선택한 카드가 책 내용과 적절하게 연결되지 않은 경우, 다른 독서
    질문 카드를 선택하여 이야기할 수 있도록 한다.

● TIP

- 독서 질문 카드 활동을 다음과 같은 게임 방식으로도 진행할 수 있다. 한 학생이 독서 질문 카드를 선택하여 그 질문을 읽으면 나머지 학생들이 그 질문에 대한 답변을 자유롭게 말한다. 다양한 답변 중 독서 질문 카드를 선택한 학생이 가장 마음에 드는 답변을 한 학생에게 독서 질문 카드를 준다. 돌아가며 활동한 후, 나중에 가장 많은 독서 질문 카드를 선택한 사람에게 간단한 보상을 실시할 수 있다.

● 개발자 / 참고 문헌

- 조선미(한국감성수업연구회)

12장.
문제를 집단지성으로 해결하는
해결 카드 활용법

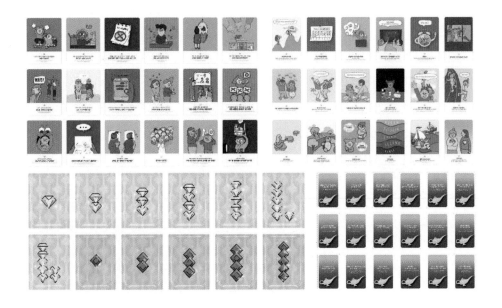

　　해결 카드 앞면은 고민거리 문제를 집단 지성으로 해결할 수 있는 해결 카드이고, 뒷면은 가치경매 활동을 할 수 있는 초능력 카드로 구성되어 있다.

　　해결 카드는 다양한 고민거리 문제들로 이루어진 문제 카드와 그에 맞는 다양한 해결 방안으로 이루어진 해결 카드로 이루어져 있다. 문제 카드를 제시하면 나머지 사람들이 해결 카드를 통해 다양한 해결 방안을 모색할 수 있도록 하였다. 해결 카드 활동을 통해서 서로의 삶을 자연스럽게 나눌 수 있고, 각자가 가지고 있는 고민거리를 자연스럽게 이야기하고 해결 방안을 찾을 수 있다. 게다가 문제 카드와 해결 카드에 5가지 욕구 이모티콘을 숨겨 놓았기 때문에 활동 이후 자기가 선택한 해결 카드 속의 이모티콘을 분석해 보면 자신의 숨겨진 욕구도 찾아낼 수 있다. 욕구가 감정을 지배하고 감정은 행동으로 나타난다. 그래서 자기 욕구에 대한 알아차림은 자기 성찰이나 다른 사람의 행동을 이해하는 데 큰 도움이 된다. 5가지 기본 욕구는 생존과 안정, 사랑과 소속, 힘, 자유, 즐거움이다. 이러한 해결 카드 활동을 통해 각자 숨겨진 자기의 고민을 자연스럽게 나누어 보고, 다양한 해결 방안을 모색함으로써 문제 해결 능력을 키울 수 있다. 인성 교육 측면에서 매우 유익한 활동이다.

초능력 카드는 다양한 초능력 카드와 보석 카드로 구성되어 있다. 자기가 가지고 싶은 초능력 카드를 보석 카드를 활용하여 경매 게임을 통해 구입할 수 있다. 실제 활동해 보면 간단하면서 재미있는 보드게임 활동이다. 활동 이후 자기가 모은 초능력 카드를 어떻게 활용하고 싶은지 이야기를 해보면 자기 속에 숨겨진 욕구를 분석할 수 있다. 원래 가치경매 활동을 보드게임으로 구현하고자 고민하다가 개발된 활동이다. 기존 가치 카드들은 추상적이고 재미있다고 보기 힘든 부분들이 있지만 초능력 카드는 다양한 초능력을 가질 수 있다는 사실만으로도 흥미를 끌고, 초능력을 매개로 현실의 삶 이야기를 자연스럽게 나눌 수 있다. 모둠 세우기 활동이나 상담 활동, 인성 교육 활동 등에서 다양하게 활용할 수 있다.

01

해결 카드

- "해결 카드를 통하여 자기 고민을 이야기해 보고 공동의 해결 방안을 모색해 봐"
- 핵심 아이디어 : 해결 카드를 자기의 고민거리를 자유롭게 이야기하고 다른 사람들과 함께 해결 방안을 모색함으로써 경청과 공감, 문제 해결 능력 등을 기를 수 있다.
- 진행 단계

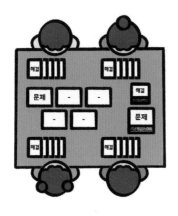

① 모둠원 대표가 모둠원 각자에게 해결 카드 5장을 배부하고, 나머지 해결 카드를 뒤집어서 카드 더미 형태로 놓는다. 문제 카드를 5장을 펼쳐 놓고, 나머지 문제 카드는 뒤집어서 카드 더미 형태로 놓는다.

② 모둠원 대표가 먼저 펼쳐진 문제 카드 중 가장 마음에 드는 문제 카드를 골라 읽는다. 문제 카드 예 "신체적 콤플렉스(작은 키, 만족스럽지 못한 미모)가 있다면?(공통)", "밥을 먹으려고 식당에 갔는데, 위생 상태가 엉망이라면?(생존)", "내가 속한 그룹(학급, 학교, 단체, 기관)을 다른 사람이 비난한다면?(사랑)", "내가 생각한 의견이나 행동이 옳다고 생각하는데, 다른 사람들은 틀리다고 말한다면?(힘)", "내가 하고 싶은 일을 할 수 없는 상황이라면?(자유)", "단순 반복해야 하는 일을 할 수밖에 없다면?(즐거움)" 등

③ 나머지 모둠원들은 자기가 가지고 있는 해결 카드 중 그 문제에 적절하다고 생각하는 해결 카드를 제시하면서 설득력 있게 그 이유를 이야기한다. 해결 카드 예 "경제적인 것도 생각해야지. 돈도 중요해.(생존)", "입장을 바꾸어 생각해봐. 상대방도 나름대로 사정이 있어서 그렇게 행동했을 거야.(사랑)", "우선 목표를 정하고 목표 달성을 위해 열심히 노력해봐.(힘)", "힘을 빼! 네 생각을 비워봐. 아무 생각하지도 마!(자유)", "와우~ 재미있을 것 같아. 다소 위험 부담이 있어도 그 스릴을 즐길 수 있어야지.(즐거움)" 등

④ 모둠원 대표(이야기 주인공)가 모둠원들이 제시한 해결 카드 중 가장 마음에 드는 해결 카드를 선택하고 문제 카드를 선물로 준다. 문제 카드를 얻은 모둠원이 1점을 획득한다. 나머지 사용한 해결 카드는 버리고 해결 카드 더미에서 새로운 해결 카드를 한 장씩 챙겨간다. 문제 카드 더미에서 새 문제 카드를 뽑아 펼쳐 놓는다.

⑤ 위와 같은 방식으로 돌아가며 이야기한다.

⑥ 활동이 마무리된 후 가장 많은 해결 카드를 얻은 사람이 해결왕(승자)으로 선정한다.

• 유의사항

- 항상 해결 카드는 5장씩 가지고 있어야 하고, 문제 카드도 5장씩 모둠원이 잘 보이도록 펼쳐있어야 한다.

- 자기가 얻은 해결 카드는 다른 카드들과 섞이지 않도록 자기 자리 밑에 별도로 모아놓는다.

- 해결왕(승리자)으로 선정된 사람에게 간단한 보상을 실시할 수 있다. 하지만 그 게임의 목적은 승자를 가리는 것이 아니라 이 활동을 통해 서로에 대하여 깊은 대화와 해결 방안을 모색하는 것이기 때문에 별도의 보상이 없어도 된다. 만약 답변을 말하지 못하면 그냥 통과하면 된다.

- 승리한 학생에게 간단한 선물이나 보상을 줄 수도 있다.

- TIP
  - 적절한 답변을 찾은 학생이 "찾았다!"라고 외치면 나머지 학생들이 1분 안에 자기가 찾은 답변을 말할 수도 있다.
  - 책이 없는 경우, 해당 질문에 적절한 답변을 자유롭게 말할 수도 있다.
  - '책 속의 보물을 찾아라'에 나온 질문을 가지고 자유 글쓰기 소재로 활용할 수 있다.

- 개발자 / 참고 문헌
  - 김현섭

- 참고용 보드게임
  - 자두의 해결 카드, 스트레스 블록

02

초능력 카드 경매

- "초능력 카드를 구입해 봐"

- 핵심 아이디어 : 초능력 카드를 보석 카드로 구입하고 그 초능력 카드를 구입한 이유에 대하여 이야기한다.

- 진행 단계

① 책상 위에 초능력 카드 더미를 쌓아 놓는다. 모둠원(4인)이 각자 보석 카드를 가진다. (4종류, 7장의 보석 카드)

② 한 사람이 초능력 카드 더미에서 초능력 카드를 1장 꺼내 소리 내어 읽고 펼친다.

③ 모든 사람이 자기 보석 카드를 이용하여 동시에 보석 카드를 보이지 않게 내민다.

④ 동시에 보석 카드를 펼치고 가장 높은 보석 개수를 제시한 학생이 해당 초능력 카드를 구입한다. 동수인 경우, 가위바위보 게임을 통해 구입자를 최종적으로 결정한다.

⑤ 위와 같은 방식으로 돌아가며 활동을 한다.

⑥ 활동이 마무리되면 자기가 구입한 초능력 카드를 현실에서 활용하고 싶다면 어떻게 활용할 것인지 돌아가며 이야기한다.

- 유의사항

  - 이 활동은 4인을 기준으로 개발된 활동이다. 하지만 더 많은 사람이 참여하려고 한다면 추가로 보석 카드를 제작하거나 플래시보드에 기록하여 사용할 수 있도록 하면 가능하다.

  - 초능력 카드를 구입하지 못한 경우, 사용했던 보석 카드는 버리지 않고 그대로 회수하여 재사용할 수 있다.

  - 활동 중간에 자기가 구입한 초능력 카드의 구입 이유를 말할 필요는 없다. 활동이 다 마무리된 후에 이야기하는 것이 좋다.

  - 보석 카드를 다 사용한 경우, 더 이상 활동에 참여할 수 없다.

  - 시간 제한으로 마무리할 수도 있고, 모든 참여자들이 자기 보석 카드를 다 사용한 시기에 마무리할 수도 있다.

  - 초능력 카드 구입 자체보다는 해당 초능력 카드를 현실적으로 어떻게 사용할 것인지가 중요한 활동이다. 이를 통해 서로의 삶을 깊이 있게 나눌 수 있다.

- 개발자

  - 김현섭, 오정화

03

초능력 가위바위보

- "가위바위보 게임을 통해 초능력을 얻어 봐"

- 핵심 아이디어 : 정해진 규칙에 따라 가위바위보를 통해 갖고 싶은 초능력 카드를 얻는다.

- 진행 단계

① 초능력 카드를 임의로 2장씩 배부한다.
② 초능력 카드를 갖고 돌아다니며 만나는 사람과 악수를 하고 가볍게 목례한다.

③ 각자 가지고 있는 초능력 카드를 상대방에게 보여준다. 말은 하지 않는다.

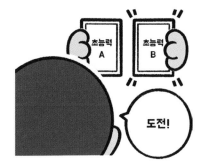

④ 상대방의 카드 중 갖고 싶은 능력이 있다면 〈도전!〉이라고 외친다. 도전은 가위바위보를 신청한다는 의미이다. 가위바위보를 신청하면 거부할 수 없다. 도전이라고 말할 때 상대방의 카드 중 어느 카드가 갖고 싶은지 말하지 않아도 된다.

⑤ 가위바위보를 한다.

⑥ 이기면 상대방의 초능력 카드 중 갖고 싶은 카드를 한 장을 얻는다. 상대방은 카드 선택을 거부할 수 없다. 질 경우 '감사합니다'라고 인사한 후 헤어진다.

⑦ 상대방의 카드 중 갖고 싶은 능력이 없다면 '다음에 만나요' 하면서 하이파이브를 하고 헤어진다.

⑧ 정해진 시간 동안 위와 같은 방식으로 활동한다.

- 유의사항

  - 정해진 멘트 외에 다른 말을 할 수 없다. '도전!' / '가위바위보' / '감사합니다' / '다음에 만나요'

  - 상대방의 도전에 대하여 거부할 수 없다.

  - 카드 2장을 모두 잃은 사람도 계속 가위바위보를 할 수 있다.

- TIP

  활용 방법 1.

  - 다음과 같이 돌아가며 이야기를 할 수 있다.

  ① 획득한 초능력 카드가 무엇이고 왜 그것을 갖고 싶었는지 이야기 나눈다.

  ② 내가 얻지 못했지만 가지고 싶었던 초능력 카드와 그 이유가 무엇인지 이야기한다.

  활용 방법 2.

  - 전체 활동으로 '내가 가진 초능력 카드가 어디에 있을까?'를 후속 활동으로 진행할

수 있다.

① 한 명이 "내가 가지고 있었던 초능력 카드는 000입니다. 내 초능력 카드는 어디에 있나요?"라고 말한다.

② 그 초능력 카드를 가지고 있는 사람은 "그 초능력은 제가 가지고 있습니다."라고 외친 후 자리에서 일어난다.

③ 그 초능력 카드를 얻게 된 과정을 간단하게 설명하고 왜 가지고 싶었는지 이유를 말한다.

활용 방법 3.

– 다음과 같이 '울트라초능력슈퍼히어로 탄생' 활동을 할 수도 있다.

[진행 단계]

① 초능력 카드를 2장씩 배부한다.

② 모둠별로 초능력목록을 1장씩 나눠준다.

③ 시작 신호에 맞춰 돌아다니며 만나는 사람과 가위바위보를 한다.

④ 이긴 사람이 상대방의 초능력 카드를 1장 갖는다.

⑤ 가위바위보에서 져서 초능력 카드가 없는 경우 한번 더 가위바위보를 하고 이때 이기면 계속 초능력 카드를 얻기 위한 가위바위보를 진행할 수 있고 질 경우 이긴 사람(영웅)의 팬이 되어 따라다닌다.

⑥ 마지막 2명의 영웅이 남은 경우 두 영웅을 기준으로 두 그룹으로 나눈다.

⑦ 영웅은 자신의 팬들에게 자신이 가지고 있는 초능력을 한 장씩 선물로 준다.

⑧ 두 그룹이 서로 마주 보며 서서 영웅으로부터 부여받은 초능력 카드를 걸고 가위바위보 한판승을 한다. 끝에 있는 사람부터 토너먼트로 진행된다. 진 사람은 자신의 초능력 카드를 이긴 상대편 사람에게 준다.

⑨ 최종적으로 이기는 그룹이 승리한다.

• 개발자 – 오정화

04

숨은 초능력을 맞혀라

- "나의 숨겨진 초능력을 알아 맞혀 봐"

- 핵심 아이디어 : 상대방이 가지고 있는 초능력이 무엇인지 초능력 행동을 통해 추리하여 알아맞힌다.

- 진행 단계

  ① 초능력 카드 더미를 책상 중앙에 놓고 참여자 중 한 사람이 초능력자가 되어 무작위로 초능력 카드 더미에서 한 장을 가진다. 이때 다른 사람이 해당 초능력 카드가 무엇인지 알 수 없도록 주의한다.

② 초능력자는 자기가 가진 초능력으로 하고 싶은 행동 1가지를 말한다.

③ 나머지 참여자들은 해당 초능력자의 초능력이 구체적으로 무엇인지 말한다. (힌트 제공) 정답을 맞힌 사람이 초능력자가 가지고 있는 초능력 카드를 가질 수 있다.

정답은 초능력 A!

④ 아무도 알아맞히지 못하면 다시 자기가 가진 초능력으로 하고 싶은 행동 다른 행동 1가지를 말한다. (또 다른 힌트 제공) 다른 참여자들이 해당 초능력을 알아맞힌다. 해당 초능력을 통해 자기가 하고 싶은 행동은 3가지까지 말할 수 있다. 3가지 행동을 말했는데도 불구하고 정답자가 나오지 않으면 비슷하게 말한 사람에게 해당 초능력 카드를 준다.

⑤ 다음 사람이 초능력자가 되어 위와 같은 방식으로 활동한다.

⑥ 가장 많은 초능력 카드를 얻은 사람(상대방의 초능력을 가장 잘 맞힌 사람)이 승리자가 된다.

• 유의사항   - 미리 초능력 카드 목록표를 배부할 수도 있다.

• TIP   - 다음과 같은 초능력 스피드 퀴즈를 할 수도 있다.

[진행 단계]

① 모둠별로 초능력 카드를 10장씩 배부한다. 이때 모둠원 대표는 해당 카드를 보지 않도록 한다.

② 모둠 대표가 자리에 앉고 나머지 모둠원들이 자기가 가지고 있는 초능력 카드의 내용을 보고 이를 설명한다.

③ 모둠 대표가 자기 모둠원들이 설명하는 초능력이 무엇인지 알아맞힌다. 모르면 '통과(패스)'를 할 수 있다.

④ 정해진 시간(1~2분) 동안 가장 많은 초능력 카드를 맞힌 모둠이 승리한다.

• 개발자 - 김현섭, 오정화

초능력 카드 목록

1. 동물의 우는 소리를 들으면 그 말을 들을 수 있다.
2. 내가 원하는 나이로 돌아갈 수 있다.
3. 화가 난 사람을 10초 만에 마음을 풀어줄 수 있다.
4. 몸 자체가 와이파이 신호를 낼 수 있다.
5. 어떤 음식이든 아무리 먹어도 살이 찌지 않는다.
6. 알고자 하는 사람의 위치를 정확히 알 수 있다.
7. 손바닥을 마주 대면 상대의 병을 고칠 수 있다.
8. 눈이 마주친 모든 사람에게 원하는 선물을 받을 수 있다.
9. 어떤 재료든 최고의 맛을 낸 요리를 만들 수 있다.
10. 돌을 주머니에 넣으면 금으로 바꿀 수 있다.
11. 먹는 음식이 모두 에너지가 되어 강력한 힘을 낼 수 있다.
12. 10분만 운동해도 1시간 효과가 난다.
13. 12-48시간 전으로 시간을 되돌릴 수 있다.
14. 손잡은 사람과 함께 원하는 곳으로 순간 이동할 수 있다.
15. 하늘을 날거나 물 위를 걸을 수 있다.
16. 누구라도 분신을 만들 수 있다.
17. 내가 한 말을 상대방이 기억하지 못하게 할 수 있다.
18. 특정 지역의 날씨를 마음대로 바꿀 수 있다.
19. 어떤 게임이든 승리하는 정확한 전략을 짤 수 있다.
20. 원하는 몸무게가 될 수 있다.
21. 시험에서 마음만 먹으면 원하는 성적을 낼 수 있다. (담당 업무를 성공적으로 수행할 수 있다)
22. 어떤 병에도 걸리지 않는다.
23. 먹고 싶은 것 어떤 것이든 먹을 수 있다.
24. 원하는 목소리로 변할 수 있다.
25. 기차나 자동차보다 빠르게 달릴 수 있다.
26. 예쁜 목소리로 노래를 부를 수 있다.
27. 식물이나 곤충과 대화할 수 있다.
28. 출전한 경기에서 우승할 수 있다.
29. 내 몸 한 곳에 빛이 나오게 할 수 있다.
30. 세계 어느 곳이든 여행할 수 있다.
31. 상상하면 그 음식을 냉장고에서 꺼낼 수 있다.
32. 어떤 것이든 공중에서 뜨게 할 수 있다.
33. 낮과 밤을 바꿀 수 있다.
34. 물속에서도 숨을 쉴 수 있다.
35. 공간을 마음대로 순식간에 이동할 수 있다.
36. 손끝으로 무언가에 대었을 때 불꽃을 일으킬 수 있다.
37. 몸에서 전기가 나올 수 있다.
38. 투명 인간이 될 수 있다.
39. 어떤 독이든 해독할 수 있다.
40. 생각만으로 물건을 움직일 수 있다.
41. 상대방의 마음을 읽을 수 있다.
42. 내 몸의 얼굴 모양과 성별을 마음대로 바꿀 수 있다.
43. 누구든 손을 잡으면 나를 좋아하게 할 수 있다.
44. 로또 1등에 당첨될 수 있다.
45. 한 달 뒤에 일어날 일을 예견할 수 있다.
46. 내가 원하는 순간 아무도 방해받지 않는 곳에 있을 수 있다.
47. 죽었다가 살아날 수 있다.
48. 내가 원하는 타이밍에 시간을 멈출 수 있다.
49. 무엇이든 처음으로 되돌릴 수 있다.
50. 다른 사람의 꿈을 조정할 수 있다.
51. 상대방의 소원을 1번 들어 줄 수 있다.
52. 생각한 것을 사진으로 남길 수 있다.
53. 상대방의 마음의 소리를 들을 수 있다
54. 물을 마음대로 다룰 수 있다.
55. 병이나 독을 치유할 수 있다.
56. 어떤 언어이든 듣기만 하면 유창하게 사용할 수 있다.
57. 다른 사람의 미래를 볼 수 있다.
58. 내가 좋아하는 이성의 마음을 사로잡을 수 있다.
59. 밥을 먹지 않고, 잠을 자지 않아도 건강할 수 있다.
60. 자유롭게 초능력을 사용할 수 있다.(조커)

05

초능력이 필요해

- "기존 이야기에 초능력을 활용하여 마음껏 상상해 봐"

- 핵심 아이디어 : 동화 속에서 초능력이 필요한 장면을 찾아 이야기를 재구성하여 상상력을 발휘한다.

- 진행 단계

① 각자 동화책을 읽는다.
② 초능력 카드를 배부한다.

③ 다시 동화책을 읽으며 동화책 속 초능력이 필요한 순간을 찾아 필요한 초능력 카드를 끼워 둔다.

④ 짝과 이야기 나눈다. 어떤 장면에서 초능력이 필요한지, 그 초능력은 무엇인지, 그리고 그 이유에 대해 자유롭게 이야기한다.

⑤ 꼭 초능력이 필요한 장면을 짝과 의논하여 1가지만 정하고, 그 초능력이 발휘된다는 가정 아래 새로운 동화책 이야기를 만든다.
⑥ 전체 학생들에게 발표한다.

- 유의사항
  - 책의 종류는 동화책이 아니어도 상관없다. 학생들의 수준에 맞게 책을 선택하여 진행한다.

- TIP
  - 독후 활동으로 진행하는 것이기 때문에 시간을 충분히 잡고 학생들이 많은 생각을 할 수 있도록 하면 좋다.
  - 수업 내용 중 예시자료나 읽기 자료를 선택해서 진행할 수 있다. 이 경우 각자 공통된 내용을 보면서 서로 다른 관점에서 필요한 초능력을 말하게 되므로 다양한 관점이 존재하는 것을 알 수 있다.
  - 신문 기사를 활용하여 진행할 수 있다.
  ① 종이신문이나 수업용 태블릿 PC를 준비한다.
  ② 초능력 카드를 임의로 모둠별로 5장씩 배부한다.
  ③ 초능력 1개와 그 능력이 필요한 신문 기사 속 내용 중 하나를 선택한다.
  ④ 종이신문은 오리고 태블릿 PC의 경우 내용을 출력한다.
  ⑤ 초능력이 필요한 상황을 나타내는 문장을 밑줄 긋고 이유를 적는다.
  ⑥ 발표한다.

- 개발자
  - 오정화

13장.
창의적인 수업 보드게임 개발 사례

교사나 학생이 직접 창의적인 수업 보드게임을 개발하여 활용할 수 있다. 창의적인 수업 보드게임 개발 방식은 세 가지 방식이 있다.

첫째, 기존 보드게임에 수업 내용을 넣어서 변형하여 개발할 수도 있다. 예컨대, 타임 라인(Time-line) 활동은 서양 역사를 기반으로 만든 보드게임인데, 한국 역사 등을 기반으로 타임 라인 카드를 개발할 수 있다.

둘째, 기존 보드게임 활동들을 연결하거나 섞어서 새로운 수업 보드게임을 만들 수 있다. 예컨대, 퀴즈 활동과 윷놀이 활동을 섞어서 퀴즈 윷놀이라는 새로운 보드게임을 만들 수 있다.

셋째, 기존 보드게임과 전혀 다른 방식으로 새로운 수업 보드게임을 개발하는 것이다. 예컨대, 폴드 잇(Fold-it) 보드게임은 기존 카드나 놀이판을 활용한 게임을 넘어 다양한 음식 메뉴가 그려진 천을 접는 방식으로 활동하는 새로운 방식의 보드게임이다.

대개 창의적인 수업 보드게임을 생각하면 세 번째 방식을 생각하기 쉬운데, 이는 현실적으로 그리 쉽지 않다. 왜냐하면 이미 수천 가지가 넘는 다양한 보드게임이 개발되어 있으므로 전혀 새로운 보드게임을 개발한다는 것은 현실적으로 쉽지 않고, 제작 과정이 까다롭기 때문이다.

그러므로 첫 번째나 두 번째 방식의 접근이 현실적으로 의미 있는 방법이라고 볼 수 있다. 여기에서 소개된 수업 보드게임들은 수업디자인연구소 수업 보드게임 개발팀에서 집단 지성을 기반으로 개발한 것들이다.

01

코리아 라인 (Korea line)

- "우리나라 역사를 시대 순서대로 나열해 봐"
- 핵심 아이디어 : 남한과 북한의 현대사와 남북한 공동의 역사를 알고 연도별로 시기를 배열하는 활동을 통해 남북한의 역사를 이해한다.
- 준비물 - 코리아 라인 모둠별 1세트

    (역사 사건 카드 총 30장〈남한 9장 북한 13장 공통 8장〉)
- 참가 인원 - 2명~4명
- 진행 단계

① 30장의 역사 사건 카드를 잘 섞어 뒷면이 보이도록 더미를 만든다. 모든 역사 사건 카드는 앞면에만 연도가 표시되어 있다.

② "1991.4. 세계탁구선수권대회 남북단일팀 우승" 카드를 중앙에 배치한다.

③ 카드 더미에서 1인당 카드 4장씩 나눠준다.(연도가 보이지 않게 나눠준다.) 이때 카드는 손에 들지 않고 자신의 앞에 펼친다.

④ 가위바위보로 선을 정한다.

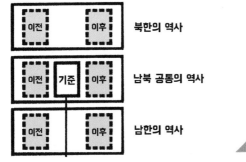

북한의 역사

남북 공통의 역사

남한의 역사

이후! 남북 공통!

⑤ 선은 자신이 가지고 있는 카드 중 한 장을 고른다. 중앙에 배치된 카드를 기준으로 자신의 카드가 이전 사건이라면 왼쪽에, 이후 사건이라면 오른쪽에 배치한다. 이때 북한의 역사라고 생각하면 위쪽에, 남북 공통의 역사라고 생각하면 가운데, 남한의 역사라고 생각하면 아래쪽에 놓는다.

정답!

⑥ 카드를 뒤집어 연도를 확인한다. 카드에는 연도와 남쪽 사건인지, 북쪽 사건인지, 공동의 사건인지가 기록되어 있다

이전? 남한!

⑦ 맞았으면 다음 사람이 반복 진행한다. 이때 앞면이 공개된 카드 중 어느 카드나 기준이 된다. 공개된 카드 중 자유롭게 1개를 선택하여 기준으로 삼고 자신의 카드를 연도와 남/북/공통을 구분해서 카드를 배치한다.

정답 위치로 이동

김대중 대통령 노벨평화상 수상 (2000.12)

⑧ 틀렸으면 맞는 자리에 카드를 이동 배치하고 카드 더미에서 한 장을 받아 자신의 앞에 배치한다.

⑨ 4장의 카드를 모두 배치하게 되면 그때부터는 카드 더미에서 한 장을 가져오고 자신의 순서에 배치한다. 이때 성공하면 1점을 얻는다.

⑩ 카드 더미가 모두 소진될 때까지 즉 모든 카드가 연도순으로 배치될 때까지 게임을 진행한다.

- 유의사항
  - 개인별 게임으로 진행할 수도 있지만, 역사에 대한 배경지식의 차이가 나는 경우 2대 2 팀별 게임으로 진행할 수도 있다.

- TIP
  - 팀별 협력게임으로 진행할 경우 같은 팀끼리 마주 보고 앉으며 서로 대화와 논의를 할 수 있다. 게임 종료 후 팀원 점수를 모두 합산해서 총점수가 높은 팀이 승리한다.

- 개발자 – 수업디자인연구소 수업보드게임개발팀

- 참고용 보드게임 – 타임 라인 시리즈(코리아보드게임즈, 2016)

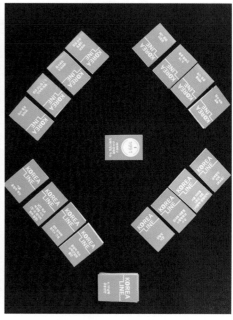

02
겨레말 놀이

- "남북한 언어를 비교하고 이질적인 언어의 의미를 알아 봐"
- 핵심 아이디어 : 남한말(표준어)과 같은 뜻을 지닌 북한말(문화어)을 추측하여 레이싱 게임으로 확인하고 암기하는 활동을 통해 남북한 언어의 의미를 알아간다.
- 준비물
  - 겨레말 놀이 모둠별 1세트(남북한 단어 카드 36장, 인원수만큼의 게임 말⟨각각 두 종류의 자석, 가령 동전 모양의 둥근 자석 1개와 사람 모양의 작은 자석 1개⟩)
- 참가 인원 - 3명~4명
- 진행 단계

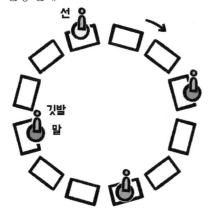

① 북한말(문화어) 단어 카드를 원형으로 배치한다.
② 참가자별로 말을 배치한다. (4명은 8칸 간격, 3명은 11칸 간격) 말은 동전 모양의 둥근 자석 1개와 사람 모양의 작은 자석 1개 총 두 개의 준비하고 둥근 자석 위에 작은 자석을 올려놓고 시작한다. 임의로 작은 자석을 깃발이라고 부른다.
③ 가위바위보로 선(先)을 정한다. 선(先)이 정해지면 시계 방향으로 진행된다.

④ 선(先)은 자신의 말 1칸 앞에 놓인 북한말을 보고 동일한 뜻을 가진 남한말을 유추하여 말한다.

⑤ 카드를 뒤집어 확인하고 맞으면 1칸 전진할 수 있다. 뒤집어 확인한 카드는 다시 원래대로 북한말이 보이게 놓는다.
 - 단어가 정확하게 일치하진 않지만, 의미가 비슷할 경우 정답으로 인정할지 아닐지 미리 정하고 시작하는 것이 좋다.
 예 자장면과 짜장면 등
⑥ 틀릴 때까지 계속 전진할 수 있다.
⑦ 틀릴 경우 다음 사람이 차례가 되어 같은 방법으로 반복 진행한다.

⑧ 다른 사람의 말 바로 뒤까지 이동한 경우 그 말 바로 앞에 있는 카드를 맞힌다. 맞힐 경우 앞 사람의 말을 뛰어넘어 이동하게 되고 그 사람의 깃발(작은 자석)을 가져간다.

⑨ 한 사람이 나머지 사람의 깃발(작은 자석)을 모두 모으면 그 사람이 승리하고 게임은 종료한다.

● 유의사항

 - 남한말(표준어)보다 북한말(문화어)을 먼저 펼쳐 게임을 진행하는 이유는 북한말에 대한 호기심을 가질 수 있도록 하기 위함이다. 또한 좀 더 쉽게 남과 북의 언어의 공통점과 차이점을 알 수 있다.

 - 자연스럽게 의미를 익히면서 남한말(표준어)과 북한말(문화어)의 차이점을 확인하고

그 언어의 특징을 이해할 수 있도록 만들어진 게임이다.

- TIP
  - 북한말의 난이도를 상중하로 조절하면 1단계 게임이 진행되고 난 후 2단계, 3단계로 게임을 확장하여 진행할 수 있다.
  - 이 방법으로 게임 진행 후 학생들이 충분히 북한말을 이해하게 되면 다음 게임에서는 동일한 카드를 사용하여 남한말을 보이게 카드를 배치하고 북한말을 알아맞히는 방법으로 진행할 수도 있다.

- 개발자 - 김기연

- 참고용 보드게임 - 치킨차차(ZOCH, 1997)

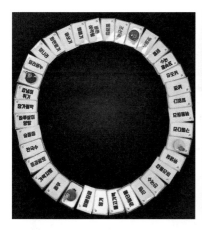 

03

우리 문화유산 경매 게임

- "우리 문화유산을 경매 게임을 통해 찾아봐"
- 핵심 아이디어 : 우리 문화재 카드를 경매방식을 통해 사는 과정을 통해 문화유산의
  중요성을 인식한다.
- 준비물
  - 모의 지폐 카드 12장 4가지 색 총 48장 (100만 원 카드 2장, 500만 원 카드 3장,
    1,000만 원 카드 4장, 5,000만 원 카드 2장, 1억 카드 1장)
  - 물건 카드 10장(카드 2개씩 1-5까지 숫자로 점수를 표시한 카드 2장씩)
  - 환수 카드 3장(되찾아와야 할 문화재, 점수 1점)
  - 파손 카드 2장(망치 그림, 점수 없음)
  - 유네스코 등재 카드 2장(점수 없음)
- 참가 인원 -3명~4명
- 진행 단계

① 모의 지폐 카드를 동일하게 나눈다.
② 문화재 카드를 더미로 만들어 가운데 둔다. 문화재 카드는 물건 카드와 환수 카드 3장과 파손 카드 2장, 유네스코 등재 카드 2장이 포함된다.
③ 시작 플레이어가 문화재 카드 한 장을 뒤집는다.

④ 시작 플레이어가 먼저 모의 지폐 카드를 내며 입찰을 한다. 이때, 패스할 수 없다.

⑤ 시계 방향으로 입찰을 진행한다. 한번 입찰한 돈은 다시 가져갈 수 없다. 낸 돈에 대한 거스름돈은 없다. 다음 사람은 더 높은 금액을 내야 한다. 한 바퀴 입찰이 끝난 후에 원하는 사람이 있을 경우 한 번 더 입찰하거나 패스를 할 수 있다. 패스를 할 경우 경매를 포기하는 것을 의미한다. 문화재 카드를 뒤집은 사람은 카드를 뒤집고 반드시 입찰해야 하지만 재입찰의 경우에는 패스를 할 수 있다.

⑥ 모든 플레이어가 입찰하고 난 후 제일 큰 액수를 낸 사람이 물건 카드를 얻고 경매에 참여했던 사람들이 냈던 돈은 모두 버린다.

⑦ 낙찰된 사람(물건 카드를 얻은 사람)이 다음 문화재 카드를 한 장 뒤집는다.

⑧ 위와 같은 방식으로 반복 진행한다.

⑨ 문화재 카드가 모두 소진되거나 경매에 참여할 돈이 떨어지면 게임은 종료된다. 이때 종료되기 전이라도 개인의 돈을 모두 소진할 경우 경매에 참여하지 못한다.

⑩ 게임 종료 후 문화재 카드에 표시된 점수를 계산하고 가장 높은 점수의 사람이 이긴다. 동점일 경우 문화재 카드가 더 많은 사람이 이긴다(환수 카드 포함). 그래도 동점일 경우 돈이 더 많이 남은 사람이 이긴다.

* 파손 카드, 환수 카드, 유네스코 등재 카드는 다음과 같은 기능을 한다.

파손 카드 : 복구 비용으로 모든 참가자로부터 자기가 가지고 있는 돈의 두 번째 작은 액수 1 장을 은행에 내놓는다.

환수 카드 : 되찾아 오는 비용으로 모든 참가자로부터 자기가 가지고 있는 돈의 두 번째 큰 액 수 1장을 은행에 내놓는다. 모든 참가자 중 가장 큰 액수를 낸 사람이 환수 카드(점수 1점)를 가진다.

유네스코 등재 카드 : 뒤집은 사람은 더미에서 문화재 카드 2장을 미리 가져와 확인하고 왼쪽 사람에게 그중 1장을 보여준다. 다시 더미에 갖다 놓으면서 원할 경우 카드 순서를 바꿀 수 있다.

- 유의사항
  - 시간이 부족할 시 시간을 정하고 게임을 시작하되 정해진 시간 안에 가장 점수를 많이 얻은 사람에게 승점을 준다.
  - 카드에 있는 숫자는 문화재의 중요 여부를 나타낸 것이 아닌 게임을 위한 임의의 점수를 표기한 것임을 학생들에게 알려준다.

- TIP
  - 각 카드에 정보를 포함하는 내용으로 만들 경우 암기전략으로 활용할 수 있고 플래시 카드로도 활용할 수도 있다.
  - 문화재 카드를 가치 카드로 대체할 수 있다. 이 경우 모둠에서 공통으로 소중하게 생각하는 카드 10개를 뽑는 선 작업 후 진행하는 것이 좋다.
  - 내가 갖고 싶은 능력 혹은 초능력 카드를 활용해서 진행할 수 있다.
  - 문화재 : 팔만대장경, 창덕궁, 남대문, 석굴암, 청화백자, 청자, 단원 씨름도, 수원 화성, 금동미륵보살반가사유상, 거북선 등
  - 우리가 되찾아 와야 할 문화재 : 수월관음도(일본), 몽유도원도(일본), 직지심체요절(프랑스), 왕오천축국전(프랑스), 철조 천수관음보살 좌상(프랑스), 고려 시대의 관음보살 좌상(미국) 등

- 개발자 - 오정화

- 참고용 보드게임 - 하이소사이어티(게임올리지, 2018)

04
열 맞춰 공감 빙고

- "연상단어 빙고 게임을 통해 공감 수를 올려 봐"
- 핵심 아이디어 : 제시하는 단어를 듣고 연상단어를 적은 후 한 명씩 돌아가며 단어를 말하고 공감 수만큼 숫자를 적는다.
- 준비물 – 단어 7개
    - 빙고판 각 1개, 펜
- 참가 인원 – 3명~7명
- 진행 단계

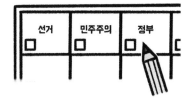

① 빙고판을 1개씩 배부한다.
② 단어 7개 중 1개를 제시한다.
③ 제시된 단어를 듣고 그것과 연상되는 단어 7개를 적는다. 7개 모두 같은 열에 적는다. 다른 열에는 적을 수 없다.

④ 작성이 끝난 후 한 명씩 돌아가며 자신이 적은 단어를 외친다.
⑤ 해당 열에 그 단어가 있는 사람은 손을 든다. 어느 칸에 있든지 상관없다. 해당 열에서만 확인한다. 손을 든 숫자만큼 공감점수가 된다. 단어를 적는 칸에 있는 작은 네모에 그 단어의 공감점수를 바로 기록한다.

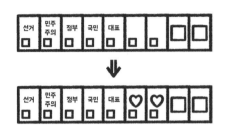

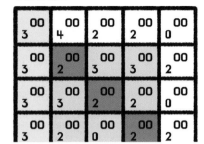

5 X 5 빙고

⑥ 빈칸이 있는 경우(정한 시간 동안 작성하지 못했을 경우) 해당 칸에 ♡표시한다. ♡표시는 공감점수와 해당 칸 열 점수는 받을 수 없지만 ♡표시 칸이 빙고칸에는 해당한다. 단, ♡표시는 빙고가 될 수는 없다.

⑦ 두 번째 단어를 제시한다.

⑧ 위와 같은 방식으로 반복 진행한다.

⑨ 모두 끝나면 공감 수를 기준으로 빙고가 되는지 확인한다. 빙고는 가운데를 기준으로 3×3 중 1줄 빙고가 완성될 때마다 +3, 5*5 중 1줄 빙고가 완성될 때마다 +5점으로 계산한다.

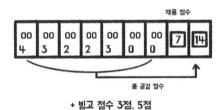

⑩ 게임 종료 후 점수를 계산한다.

열 점 수 : 각 열의 단어를 모두 채워 적었으면 7점
공감점수 : 공감받은 수의 총합
빙고점수 : 빙고완성 1개당 +3,5점

- 유의사항

  - 빙고점수는 보너스 점수에 해당하기 때문에 빙고칸을 몇 칸으로 할지는 스스로 정한다.

  - 단어가 정확하게 일치하진 않지만, 의미가 비슷할 경우 정답으로 인정할지 아닐지 미리 정하고 시작하는 것이 좋다. 예) 자장면과 짜장면 등

  - 연상단어를 적는 열을 1열부터 순서대로 적게 할 수도 있지만 1열에서 7열 중 한 열씩 자유롭게 선택한 후 제시 단어의 연상단어를 적게 할 수도 있다. 이때에는 선택한 열에만 단어를 작성하는 것이 규칙임을 다시 안내한다.

- TIP
  - 모둠 대 모둠 대항 게임으로 진행할 수도 있다.
  - ② 에서 단어를 플래시보드 등 개인 칠판에 써서 칠판에 붙여놓고 진행하면 더 좋다.
  - 수업 전 수업 내용 맛보기 혹은 학생들이 그 주제에 대해 어떤 생각을 하고 있는지 확인하고 싶을 때 활용할 수 있다.
  - 수업 후 내용을 전체 상기하고 싶을 때 사용이 가능하다. 각 열마다 수업 단원이나 주제를 제시하고 배운 내용 중 생각나는 단어를 작성한 후 진행할 수 있다.
  - 학습 태도 점검으로 사용할 수도 있다. 이때에는 단어가 아닌 문장으로 주제를 제시한다.

    예 1. 필기할 때 필요한 것은?

    2. 우리 반에 들어오는 선생님 성함은?

    3. 오늘 1교시 수업 시간 배운 내용 중 생각나는 것은?

    4. 공부를 방해하는 것은? 등

  - 문장 채우기로도 주제를 제시할 수 있다.

    예 1. 놀이동산에 가면 _____을(를) 탄다.

    2. 인기 있는 가수는 _____이다.

    3. 야식으로 먹으면 맛있는 것은 _____이다.

    4. 맛있는 피자 토핑은 _____이다. 등

- 개발자 - 오정화

- 참고용 보드게임 - 너도나도(행복한 바오밥, 2014)
  - 질문보드게임(수업디자인연구소, 2016)

열 맞춰 공감 빙고판

이름 :

채움 점수
7개 단어를
모두 쓰면 7점

총 공감점수
공감받은 수 만큼 점수

빙고 1줄
3X3 3점
5X5 5점

빙고완성
□ (줄) X □ = □ 점

채움 점수 + 공감점수
+ 빙고점수 =
총 점수

채움 점수　총 공감점수

	채움 점수	총 공감점수						
1열	□	□	□	□	□	□	□	□
2열	□	□	□	□	□	□	□	□
3열	□	□	□	□	□	□	□	□
4열	□	□	□	□	□	□	□	□
5열	□	□	□	□	□	□	□	□
6열	□	□	□	□	□	□	□	□
7열	□	□	□	□	□	□	□	□

05
순간 스케치

- "단어 카드를 보고 빠르게 스케치한 그림을 보고 무엇인지 추측해 봐"

- 핵심 아이디어 : 단어 카드를 통해 빠르게 스케치한 그림을 통해 추측할 수 있는 능력을
  기른다.

- 준비물 – 단어 카드 5장
  - 플래시 보드(혹은 A4 종이), 보드마커

- 참가 인원 – 최대 4명

- 진행 단계

① 한 사람이 단어 카드를 5장 나눠준다. 단어가
　보이지 않게 뒤집어 둔다.
② 그림을 그릴 사람을 정한다. 이 사람이 작가
　가 된다.
③ 작가는 단어 카드 중 1개를 선택한다.
④ 그 단어에 해당하는 그림을 빠르게 스케치한
　다.

⑤ 작가의 스케치가 끝나면 그림을 공개한다.
⑥ 그림을 보고 어떤 단어인지 추리해서 정답이
　라고 생각하는 단어를 각자 쓴다.

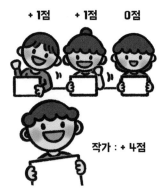

⑦ 정답을 공개하고 그림을 설명한다.

⑧ 다음 사람이 같은 방법으로 진행한다.
⑨ 정답을 맞힌 사람은 +1, 정답을 맞힌 사람 수
　는 작가의 점수, 모두 정답을 맞히는 경우 작가
　점수는 인원수+2가 된다. 정답을 아무도 못 맞
　힐 경우 작가는 −1점이 된다.

- 유의사항

　-'순간 스케치'라는 제목에 맞게 ④에서 디테일을 살리기보다는 그 단어를 한 번에

　　알 수 있는 핵심을 찾아내서 표현하는 것이 필요하다. 이에 대하여 미리 이야기하면

　　좋다.

　- 그림을 잘 그릴 필요는 없지만, 나머지 참여자들이 해당 스케치 그림을 잘 이해할 수

　　있도록 노력해야 한다.

- TIP

　- 수업 주제와 관련된 단어 카드를 준비하면 주제와 관련된 활동이 가능하다.

- 개발자 – 오정화

- 참고용 보드게임 – 픽토매니아(보드피아, 2018)

06

분류 피라미드

- "같은 종류의 카드를 규칙에 맞게 내려놓으며 피라미드 만들어 꼭대기에 먼저 올라
  봐"

- 핵심 아이디어 : 같은 종류 카드를 피라미드 형태로 쌓으면서 분류하기 능력을 기른다.

- 준비물 – 색깔별로 분류된 5종류의 카드 7장씩 총 35장

    - 오색카드 1장(만능 카드)

    - 황금카드 1장(바꾸기 카드)

    - 검정카드 1장(막기 카드)

- 참가 인원 – 최대 5명

- 진행 단계

① 카드를 섞어 38장의 카드 중 임의로 2장을 선택해 버리고 인원수대로 나눠준다. 5인의 경우 2장을 버린 후 다시 1장을 임의로 선택해 바닥에 내려놓고 시작한다.

② 가위바위보에서 이긴 사람이 선(先) 플레이어가 된다.

③ 선(先) 플레이어는 자기 카드 중 아무 카드 한장을 골라 내려놓는다.

④ 다음 사람은 앞 사람이 내려놓은 카드 왼쪽 혹은 오른쪽에 카드를 놓거나 윗줄로 카드를 놓는다.

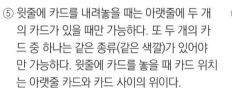

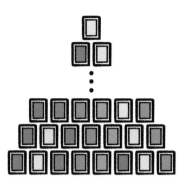

⑤ 윗줄에 카드를 내려놓을 때는 아랫줄에 두 개
의 카드가 있을 때만 가능하다. 또 두 개의 카
드 중 하나는 같은 종류(같은 색깔)가 있어야
만 가능하다. 윗줄에 카드를 놓을 때 카드 위치
는 아랫줄 카드와 카드 사이의 위이다.

⑥ 위와 같은 방식으로 반복 진행한다.

⑦ 맨 아랫줄은 카드를 총 8개까지만 놓을 수 있
다. 그 다음 열에는 7장, 그 다음은 6장 순으로
1장씩 적게 카드를 놓고 맨 마지막은 1장만 놓
을 수 있다.

⑧ 손에 있는 카드를 다 내려놓는 사람은 모두 승점 3점을 갖는다. 그중 가장 높은 곳에 카드를
마지막에 놓은 사람은 +2점을 받는다. 카드를 다 내려놓지 못한 사람은 손에 들고 있는 카드 수
만큼 −1씩 감점한다.

* 조커 카드의 기능

– 오색카드는 만능 카드로 어떤 색으로든 사용할 수 있다.

– 황금카드는 바꾸기 카드로 피라미드 최하단에 있는 카드 1장과 바꿀 수 있다.

– 검정카드는 막기 카드로 이 카드를 놓는 순간 그 카드 길은 막힌다. 이 카드를 놓은 때에는 아래 줄
카드와 상관없이 놓을 수 있다.

- 유의사항
  - 자기 손에 든 카드를 내려놓을 수 없는 상황이 될 경우 게임에 더 이상 참여할 수 없다. 마지막까지 자신이 가지고 있는 카드를 내려놓을 수 있도록 전략을 세워야 한다.

- TIP
  - 저학년이거나 처음 학습하는 시간일 경우 같은 종류임을 색깔을 통해 구분해 주면 색깔만으로도 구분할 수 있기 때문에 더 쉽게 게임에 참여할 수 있다. 충분히 학습된 후에는 색이 없는 상태로 진행한다.
  - 여러 과목에서 같은 종류로 분류할 수 있는 주제가 있을 경우 응용해서 활용할 수 있다. (가령 문화재의 종류, 악기의 종류, 동물의 종류 등)
  - 그림으로 만들어 활용하는 것도 좋다.

- 개발자 - 오정화

- 참고용 보드게임 - 펭귄 파티(게임올로지, 2008)

07

선거 전략게임

- "유권자카드와 정당카드를 잘 연결시켜 국회의원을 많이 선출해 봐"

- 핵심 아이디어 : 정당의 공약과 후보자의 관심이 어떻게 연결되는지 이해한다.

- 준비물 - 유권자 카드 30장(15종 2세트)

  - 정당카드 30장(5종 6세트)-지역구카드 3장

  - 비례대표카드 1장

  - 정당영향력카드 5장

  - 지역구 국회의원 토큰 25개

  - 비례대표 국회의원 토큰 5개

- 참가 인원 - 최대 5명

- 준비 단계

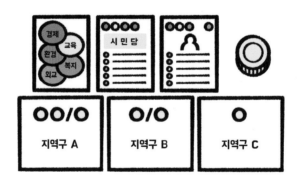

① 정당영향력카드 5장 중 임의로 1장을 선택하여 이번 게임의 영향력 순위를 정한다.
   이 영향력순위는 두 정당카드의 승패를 결정하지 못할 때 사용한다.

② 지역구카드 3장과 비례대표 카드를 중앙에 어느 정도 사이를 두고 배치하고, 카드에 표시된 대로 국회
   의원 토큰을 올려둔다.

③ 유권자카드 30장을 잘 섞어 12장을 뽑아 앞면이 보이게 오픈한다. 나머지 카드들은 다음 라운드에 사
   용한다.

④ 정당카드 30장을 잘 섞어 모두에게 4장씩 나눠주고, 손에 든 카드 중 1장을 선택하고 나머지 3장은
   왼쪽 사람에게 건네준다. 그 다음 사람은 3장 중 1장을 선택하고 2장을 왼쪽 사람에게 건네준다. 이런
   방식으로 모든 사람이 총 4장의 카드를 선택하여 갖는다.

- 진행 단계

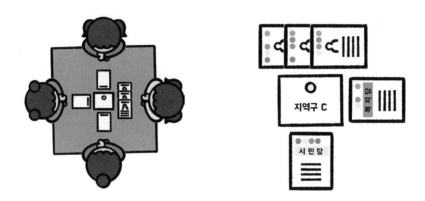

① 가장 생일이 빠른 사람이 이번 라운드의 선(先) 플레이어가 되고 왼쪽 방향으로 게임을 진행한다.
   총 4라운드를 진행하고 왼쪽에 있는 사람이 그 다음 라운드의 선(先) 플레이어가 된다.

② 자신의 기회(턴)가 되었을 때 아래 2가지 중 하나의 액션만 할 수 있다.
   – 자신의 정당카드 1장을 선택한 지역구에 내려놓는다.
   – 오픈되어 있는 유권자카드 1장을 선택한 지역구에 배치한다.

③ 정당카드를 내려놓을 때에는 지역구카드 기준으로 자신의 방향 쪽으로 카드를 놓아 누가 내려놓은
   카드인지 구분이 가능하게 한다. 또한 선택한 지역구에 이미 같은 정당카드가 놓여져 있다면 똑같
   은 정당카드는 더 이상 내려놓을 수 없다.

④ 유권자카드를 선택한 지역구에 배치할 때에는 다른 지역구에 배치된 카드들과 섞이지 않도록 잘 구
   분하여 놓는다.

⑤ 위 ②번의 2가지 중 아무것도 할 수 없는 경우, 해당 라운드를 종료한다. 모든 플레이가 라운드를
   종료하면, 점수를 계산한다.

• 라운드 점수계산 단계(지역구)

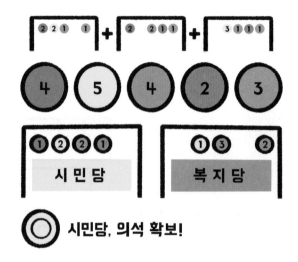

시민당, 의석 확보!

① 3개의 지역구마다 각각 승패를 확인한다.

② 지역구마다 모든 유권자카드에 적혀진 정책선호지수를 색깔별로 합산하여, 가장 높은 숫자가 어떤 색깔인지 계산한다. 지역구 A와 B는 1위와 2위를, 지역구 C는 1위만 결정한다. 결정된 색깔을 '지역구 정책선호도'라 부른다. 만약 합산점이 동점인 경우, 유권자카드 더미에서 1장을 추가로 배치하여 1위 또는 2위를 결정한다.

③ 참여자(플레이어)들이 지역구에 내려놓은 정당카드에 표기된 정책선호지수의 5가지 색깔 중 '지역구의 정책선호도'와 같은 색깔이 승점이 된다. 가장 승점이 높은 참여자(플레이어)부터 지역구 카드 위에 놓인 국회의원 토큰을 가져간다. 만약 2명의 참여자(플레이어)의 정당카드의 승점이 동점인 경우, 게임 시작 시 뽑은 정당영향력카드의 순서대로 승패를 결정한다.

④ 승리한 정당카드는 자신의 앞에 정당별로 잘 모아둔다. 나머지 정당카드와 유권자카드는 따로 보관한다.

⑤ 준비단계 ②번부터 새로운 라운드를 준비하고, 선(先) 플레이어의 왼쪽 사람이 새로운 선(先) 플레이어가 된다.

- 최종 점수계산 단계(비례대표)

  ① 총 4라운드를 진행하고, 정당 비례대표 점수를 계산한다.

  ② 참여자(플레이어)마다 승리한 정당카드 중 가장 많은 정당카드를 계산한다.

    플레이어마다 가장 많은 정당카드의 비율대로 비례대표 토큰 5개를 나눠 갖는다.

    예를 들어 A플레이어가 3장, B와 C플레이어가 2장, D플레이어가 1장을 얻었다면,

    A플레이어는 $3/8 \times 5 = 1.875 \Rightarrow$ 2개의 비례대표 토큰을 가져간다.

    B와 C플레이어는 $2/8 \times 5 = 1.25 \Rightarrow$ 각각 1개의 비례대표 토큰을 가져간다.

    D플레이어는 $1/8 \times 5 = 0.625 \Rightarrow$ 1개의 비례대표 토큰을 가져간다.

  ③ 지역구 국회의원 토큰은 개당 1점, 비례대표 국회의원 토큰은 개당 3점의 승점을 얻는다. 가장 승점이 큰 사람이 승리한다.

- 개발자 – 박광제

- 참고용 보드게임 – LOOT(에듀카코리아, 2008)

08

할리갈리 감사

- "할리갈리 게임 방식으로 감사를 표현해 봐"
- 핵심 아이디어 : 다양한 종류로 구성되어 있는 사물단어카드를 펼치고 숫자 5 조합이 되면 감사를 말한다.
- 준비물 : 할리갈리 감사 사물카드

0 마스크	0 TV	1 자전거	1 라디오	2 창문	2 사진	3 젓가락	3 지우개
0 연필	0 핸드폰	1 물티슈	1 그네	2 의자	2 우산	3 양말	3 책
0 냉장고	0 물병	1 책상	1 가방	2 색종이	2 칠판	3 컵	3 시계
0 신발	0 안경	1 베개	1 선풍기	2 거울	2 공	3 휴지통	3 모자

카드에는 3가지가 표시되어 있다.

1. 단어와 그림

2. 숫자 0 혹은 1 혹은 2 혹은 3

3. 숫자아래에 파란색 동그라미가
   숫자만큼 표시되어 있다.

- 진행 단계

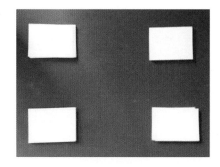

① 카드를 받고 4명이서 동일하게 나눈다. (4인기준 8장씩 총 32장)

② 이때 카드는 단어가 보이지 않게 뒤집어 둔다.

③ 종(탁상벨, 할리갈리종 등)을 가운데 배치하고 4명이서 동시에 단어가 보이도록 카드를 펼친다.

④ 어떤 조합으로든 펼쳐진 카드의 숫자 합이 5가 만들어지면 누구나 종을 칠 수 있다.
   예 0.1.2.3 → 2와 3이 있으므로 가능하다.
     1.3.3.3 → 합이 숫자 5가 되는 것이 없으므로 불가능하다.
     1.1.3.3 → 1과 1 그리고 3으로 숫자 5가 만들어지므로 가능하다.
     0.0.2.3, 0.1.1.3, 0.1.2.2 → 이 조합은 4개의 합이 5가 모두 되므로 가능하다.
     2.3.2.3 → 숫자 합 5가 나오므로 가능하다.

2와 3카드   1과 2, 2카드(0카드도 가능)

⑤ 종을 가장 먼저 친 사람은 숫자 합 5를 만든 카드 조합이 무엇인지 손가락으로 짚어 친구들에게 알려준다.

⑥ 해당카드에 있는 단어와 관련된 감사를 1개씩 말하고 해당 카드를 동시에 가져와 자기 카드 밑에 넣는다.
   예 펼쳐진 카드가 1.1.2.3 일 경우 1.1.3 조합으로 감사를 말했다면 1.1.3 카드만 가져올 수 있고. 2.3 조합으로 감사를 말했다면 2.3 카드만 가져올 수 있다.
     0.0.2.3 일 경우 0 카드도 감사를 말하면 가져올 수 있다. 즉, 감사를 말한 카드만 가져올 수 있다. 감사를 말하지 못하면 카드는 가져갈 수 없다.

⑦ 가져간 카드로 인해 그 카드 밑에 있는 카드가 오픈되었을 때 숫자 조합이 5가 나온다면 다시 종을 칠 수 있다. 숫자 조합 5가 없을 경우 다시 모둠원 모두 동시에 카드를 펼치면 게임을 반복 진행한다.

⑧ 게임을 진행하다가 자기 차례에 더 이상 펼칠 카드가 없는 사람이 1명이라도 발생하면 게임은 종료되고 카드 개수가 많은 사람이 승자가 된다.

활용 방법 1.

단어카드를 하나씩 내 놓으며 해당 단어에 대한 감사 1개씩만 말한다.

① 사물카드를 동일하게 나눈다.

② 자신의 카드를 보이지 않게 뒤집어 둔 후 4장을 골라 손에 들고 부채모양으로 펼친다.

③ 선(先)인 사람이 오른쪽 사람의 손에 든 카드 중 하나를 골라 가운데 내려놓으며 해당사물의 감사를 1개 말한다.

④ 계속 반복한다.

활용 방법 2.

숫자에 쓰여진 만큼 감사를 말한다. 이때 0의 경우 펼쳐져있는 카드 모두 1개씩 감사를 말한다.

① 사물카드를 동일하게 나눈다.

② 자신의 카드를 한 장 골라 내려 놓으며 단어와 숫자를 말하고 해당사물의 감사를 숫자만큼 말한다.

③ 반복진행

• 유의사항 및 기타

– 종을 칠 상황이 아닌데 실수로 종을 잘못 친 경우에는 다른 플레이어 모두에게 자기 카드 더미에 있는 카드를 1장씩 나눠줘야 한다.

– 한 번에 가져올 수 있는 카드 수는 최소 2장에서 최대 4장이다. 3.3.2.3 조합일 경우 해당사물의 감사를 말하면 2와 3에 해당하는 카드 2장을 가져올 수 있고, 2.3.2.3

조합일 경우 감사를 말하면 카드 4장을 모두 가져 올 수 있다. 숫자 5를 만들 수 있는
조합은 모두 가능하다.

- TIP
  - 이 카드를 활용하여 게임이 아닌 방법으로 사물감사를 진행할 수도 있다.

- 개발자 - 오정화

- 참고용 보드게임 - 할리갈리 게임(Haim Shafir, 1990)

08
김노동씨의 운수 좋은 나라

- "노동인권을 주제로 인생보드게임을 해 봐"
- 핵심 아이디어 : 노동현장 속에서 노동자들에게 어떠한 일들이 일어나는지를 살펴보고 노동자의 결정이 노동자의 상태에 따라 어떻게 다른 결과를 초래하는지를 이해하기 위해 인생 보드 게임을 진행한다.
- 준비물 : 김노동 씨의 운수좋은 나라 보드게임 세트
  - 노동 타일 20개
  - 노동자 카드 10장
  - 노동자 상황판(보드판) 1개
  - 노동자 마커 8개
  - 보너스 마커 4개
  - 라운드 마커 1개
  - 위기상황 마커 1개
- 소요시간 : 50분
- 참가 인원 : 모둠별 3~4명
- 게임 준비
  ① 노동타일 20개를 순환구조(입사-근무-퇴사-재취업)에 따라 책상 위에 행렬을 맞춰 배치한다.
  ② 배치된 타일 옆에 노동자상황판(보드판)을 놓는다. 4개의 노동자 마커를 각각 4가지 상황의 1의 자리에 둔다. 나머지 4개의 노동자 마커들은 노동타일 근처에 둔다.
  ③ 라운드 마커를 라운드 1위치에 둔다. 게임은 총 10라운드를 진행한다. 위기상황 마커를 위기 상황칸 해골칸에 둔다.
  ④ 노동자카드 10장을 잘 섞어 이중 3장만 오픈하여 두고 나머지는 옆에 더미로 쌓아둔다.

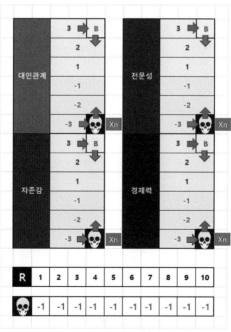

- 게임 목표

  ① 이 게임은 모든 플레이어가 한 팀을 이루는 협력게임으로 총 10라운드를 진행하여 가장 높은 승점을 얻도록 해야 한다.

  ② 노동자카드에 적혀있는 4개의 사건 키워드대로 4개의 타일을 나란히 배치되고, 4개의 타일마다 노동자 마커들이 있는 경우 승점 2점을 얻는다. 게임상에서 총 20점의 승점을 얻을 수 있다.

  ③ 위기상황 마커가 움직일 때마다 감점 -1점을 얻는다.

- 진행 단계

  ① 이 게임은 협력게임으로 모두가 함께 턴을 진행한다. 턴마다 노동자의 삶 순환구조(입사-근무-퇴사-재취업)의 순서대로 타일을 배치하거나 패스할 수 있으며, 순환구조를 한번 마치면(4턴을 진행하면) 한 라운드가 끝난다.

  ② 매 라운드는 아래와 같이 진행된다.

   - 가장 좌측열([입사])에서 타일을 하나 선택하여, 노동자마커를 놓는다. 턴마다 위쪽이나 아래쪽의 바로 옆 타일과 위치를 바꿀 수 있다. 맨위의 타일과 맨아래의 타일은 서로 인접한 것으로 본다.

   - 타일을 이동하고 이번 턴에 노동자 마커를 놓은 타일을 뒤집는다. 뒷면의 지시대로 노동자 상황판의 상황 마커들을 각 영역별로 이동시킨다. 상황 영역은 총 4가지(자존감, 대인관계, 전문성, 경제력)가 있다.

- 물음표 ❷ 표시가 있는 타일은 조건대로 노동자 상황판에 반영한다. 예를 들어 아래처럼 [창업] 타일에 물음표 표시가 있고 그 뒷면에는 2개의 조건이 있다. 타일을 뒤집었을 때 노동자의 상황에서 '전문성' 지표가 (+)인 경우에는 자존감이 +1, 경제력이 +1이 올라가지만, '전문성' 지표가 (-)인 경우에는 자존감이 -1, 경제력이 -2 내려간다. 마찬가지로 '대인관계'가 (+)인 경우에는 경제력이 +2 올라가고, '대인관계'가 (-)인 경우에는 경제력이 -1만큼 내려간다. 증가와 감소에 따라 노동자상황판에 있는 마커를 이동시킨다. 만약 [창업] 타일처럼 조건이 2개인 경우에는 위에서부터 아래로 순차적으로 상황을 반영한다.

(타일 앞면)

(타일 뒷면)

- [입사] 열의 카드 배치가 마치면 다음 턴으로 넘어간다. 다음 턴에서는 [근무]열의 타일을 동일한 방식으로 이동시킨다.
- [입사], [근무], [퇴사], [재취업]의 순서대로 4개의 열의 카드배치가 마치면 한 라운드가 종료된다. 새 라운드 시작 시, 라운드 마커를 한칸 전진시킨다. 총 10 라운드를 진행한다.
③ 노동상황판 노동자 마커가 3을 초과할 경우 보너스칸(B)에 마커를 놓는다. 만약 노동자 마커가 보너스칸(B)에 놓였을 경우에는 보너스 턴을 진행할 수 있다. 보너스 턴은 4개의 열 중 자유롭게 한 열을 선택하여 인접한 타일의 위치를 서로 바꿀 수 있다. 보너스턴을 사용하면 노동자 마커를 보너스칸에서 다시 3의 위치에 옮겨 놓는다. 만약 노동자마커가 보너스칸(B)에 있을 때에 타일뒤집기를 통해 해당 마커의 상황이 감소할 경우, 3을 거치지 않고 바로 2, 1, -1의 방향으로 마커를

이동시킨다.

④ 반면에 노동상황판 노동자 마커가 -3을 초과할 경우 위기칸(해골)에 마커를 놓고 즉시 위기상황 마커를 한칸 전진한다. 위기상황 마커가 한칸 전진할 때마다 승점 -1이 감소한다. 만약 노동자 마커가 위기칸(해골)에 있을 때 새로운 턴에서 추가로 마이너스 상황이 되었다면 또 다시 위기상황 마커가 한칸 전진한다. (* 보너스칸에 마커가 있을 경우에는 보너스 기회가 중첩되지 않고 한번만 이용 할 수 있다.) 위기칸에서 마커의 상황이 증가할 경우 -3을 거치지 않고 바로 -2, -1, 1 의 방향으로 마커를 이동시킨다.

⑤ 턴이 종료될 때, 오픈된 노동자 카드 3개 중 어떤 카드라도 4개의 키워드가 노동타일의 같은 행에서 4개가 나란히 되었고, 해당 타일마다 노동자 마커가 있는 경우에 해당 노동자 카드를 빼고 승점 2점을 얻는다. 노동자 카드 더미에서 새로운 카드를 한 장 오픈한다.

⑥ 총 10라운드를 진행하면 게임을 종료한다. 성공한 노동카드 1장당 2점을, 위기상황 1칸마다 -1점을 계산하여 최종 점수를 계산한다.

● 개발자 - 박광제

수업디자인연구소
INSTRUCTION DESIGN INSTITUE

수업디자인연구소(www.sooupjump.org)는
수업 혁신과 교사들의 수업 성장을 돕기 위해 수업 관련 콘텐츠를
지속적으로 연구 개발하고, 연수와 출판을 통해 콘텐츠를 확산하고,
수업 전문가를 지속적으로 양성하고
수업공동체 운동을 지원하고자 합니다.

활동 방향

1. 수업 혁신을 위한 다양한 콘텐츠 개발 및 보급

2. 지속적인 수업 성장을 위한 수업 코칭 활동

3. 수업 전문가 양성

4. 수업공동체 지원 및 좋은 학교 만들기 활동

5. 교육디자인네트워크 활동 및 교육관련 단체들과의 연대 활동

활동 내용

1. 수업 혁신 콘텐츠 개발 연구
   (질문이 살아있는 수업, 수업공동체 만들기, 철학이 살아있는 수업 등)

2. 수업 혁신 콘텐츠 보급 (출판 및 학습도구 제작 등)

3. 외부 연구 프로젝트 추진
   (교육부 주관 인성교육 및 자유학기제 자료 개발, 비상교육 주관 질문이
   살아있는 교과수업 자료집 시리즈 등)

4. 교원 대상 연수 활동
   (서울 강남, 경기 광명, 구리남양주, 군포교육지원청 등 주관 연수,
   각종 교사학습공동체 및 일선 학교 대상 연수,
   온라인 원격 연수(티스쿨원격연수원, 티쳐빌원격연수원 등))

5. 수업 혁신 콘텐츠 온라인 홍보
   (홈페이지, 블로그 및 각종 SNS 활동 등)

6. 수업 전문가 양성 프로그램
   (수석 교사 및 일반 교사 대상 수업 디자이너 아카데미 운영)

7. 수업콘서트(교사들을 위한 수업 이벤트)

8. 수업 코칭 활동
   (개별 및 단위학교, 교육청 주관 수업코칭 프로그램 수업코치 및 헤드코치)

9. 교사 힐링 캠프(교사 회복 프로그램)

10. 학교 내 교사학습공동체 지원 및 외부 교육 단체 및 기관연대

연락처 : 031-502-1359, eduhope88@naver.com

EDUCATION DESIGN NETWORK

교육디자인네트워크 (www.edudesign21.net)

교육디자인네트워크는 교육혁신을 위한 씽크 및
액션 탱크 역할을 지향합니다.

- 현장 교원과 연구자를 중심으로 따뜻한 전문가주의와 실천연구 조직
- 교사는 연수받는 존재에서 연구하고 공유하는 존재
- 이론과 경험, 정책과 현장, 교육과 연구, 초등과 중등의 이분법 극복
- 각 영역별 연결과 협업, 소통과 나눔이 있는 플랫폼 조직
- 학습공동체, 연구공동체, 역량공동체, 실천공동체
- 연구자, 학부모, 교원, 전문직원 등이 함께 어우러지는 공동체를 지향합니다.

현재 교육디자인네트워크에는 수업디자인연구소, 교육과정디자인연구소, 교육디자인리더쉽연구소, 교육정책디자인연구소, 부모교육디자인연구소, 보건교육디자인연구소, 비주얼러닝디자인연구소, 유아교육디자인연구소, 코칭디자인연구소 등 9개 연구소가 함께 하는 수평적인 플랫폼 조직입니다.

사단법인 교육디자인네트워크는

- 네트워크 협의회 운영을 통한 각 연구소별 소통과 협업, 연대 강화
- 성장단계별 아카데미 공동 운영
  (예 : 새내기, 수석교사, 전문직원, 학부모 등)
- 연구소의 연구 및 실천 성과 홍보
  (예 : 뉴스레터, 블로그, 페이스북 페이지 등)
- 논문과 보고서, 저서를 통한 출판 운동
- 각 연구소의 콘텐츠를 결합한 학교혁신 운동
- 분야별 컨설팅(예 : 연구, 수업 등)
- 정기모임을 통한 학습
- 각 연구소 사업 홍보 및 지원 등의 사업을 추진하고 있습니다.

앞으로 뜻을 같이 하는 사람들과 단체와의 협력을 하면서 교육 혁신의 꿈을 함께 이루어가고자 합니다.

- 서울 광화문센터 : 서울특별시 종로구 세종대로23길 47
             미도파빌딩 411호
- 군포 대야미센터 : 경기도 군포시 대야2로 147, 201호
- 연락처 : 031-502-1359, eduhope88@naver.com